Dieses Buch ist allen liebevollen und mutigen Eltern gewidmet,
die sich von ihren geliebten Kindern getrennt haben, obwohl sie sich
der geringen Chance bewusst waren, diese jemals lebend wiederzusehen.

www.glaubenssachen.de

Das Logo auf dem Cover stammt von der Herausgeberin des Werkes.
Es enthält die hebräischen Buchstaben AMCHA („mein Volk"),
ein Erkennungszeichen verfolgter Juden während des NS-Regimes.
Die Organisation AMCHA ist heute der größte Anbieter für psycho-
soziale Versorgung von Holocaust-Überlebenden in Israel.

ISBN 978-3-7984-0851-7
J. F. Steinkopf Verlag GmbH, Kiel 2019
FSC-zertifiziertes Papier aus verantwortungsvollen Quellen
Cover: Ev. Presseverband Norddeutschland GmbH

Deutsche Übersetzung: Mary Klückmann
Herausgeber: AMCHA-Stiftung Deutschland
Titel der Originalausgabe: »The Way of Fate«, © 2004 by George Shefi
Redaktion: ContenoNow

George Shefi

»The Way of Fate«

Der Schicksalsweg einer jüdischen Familie

J. F. Steinkopf Verlag

DANKSAGUNGEN

*Vielen Menschen bin ich zu großem Dank verpflichtet, die mich überzeugt, voran-
getrieben, überredet, ermutigt und dieses Buch damit erst ermöglicht haben. Eigentlich müsste jede dieser Personen an erster Stelle der langen Liste stehen. Am
Anfang waren es Bertha Leverton und Inge Sadan, die meine leidvolle Geschichte
hörten und mich (theoretisch) von der Wichtigkeit des Schreibens überzeugten.
Noch dazu saß Inge viele Stunden und las das Manuskript Korrektur. Den ent-
scheidenden Anstoß leistete jedoch meine seit nunmehr 48 Jahren bessere Hälfte
Yael. Sie machte mir zu meinem siebzigsten Geburtstag ein Geschenk, das ich
nicht ausschlagen konnte: nämlich die Kosten meiner Semi-Autobiografie in hebräischer Sprache zu übernehmen. Ich rede von einer Semi-Autobiografie, weil ich
ohne ihre Korrektur jemand vom Bletchley House Team, England, hätte dafür en-
gagieren müssen. Obwohl Michal Bar sehr gute Arbeit leistete, beschloss ich, die
erste Ausgabe, basierend auf dem hebräischen Layout des Buches, „in meinem
Englisch" zu schreiben. Ich möchte noch einmal betonen, dass Yael viele Stunden
am PC verbrachte, um meine mangelnden Kenntnisse auf diesem Gebiet auszu-
gleichen. Aufgezählt gehören auf jeden Fall auch meine drei Töchter, die ihren
Teil zum Gelingen dieses Projekts beigetragen haben. Es gibt noch viele weitere
Personen, die mir mit Rat und Tat zur Seite standen. Ich bedanke mich bei allen.*

INHALT

Tammys Einleitungsworte

Eine meiner ersten Erinnerungen an meinen Vater habe ich, als ich ca. acht Jahre alt war. Meine „Saba" (Großmutter) und mein „Savta" (Großvater) haben uns zum ersten Mal in Israel besucht. Ich war zutiefst bestürzt, als ich bei ihrem Abschied meinen starken und mächtigen Vater zum ersten und letzten Mal in meinem Leben weinen sah. Dieses einschneidende Erlebnis hat die kräftigen und Stabilität spendenden Wurzeln meines bis dahin bequemen und wohlbehüteten Lebens ins Wanken gebracht. In dem Alter konnte ich die tiefen Emotionen, die meinen und seinen Vater überwältigten, nicht verstehen, bis zu dem Moment, an dem sie sich beim Abschied auf dem Flughafen umarmten und beide dabei in Tränen ausbrachen. Ich konnte nicht das ganze Ausmaß der Situation erfassen. Ich konnte nur erkennen, dass es sich um etwas wirklich Großes und Starkes handelte, über das sie weinten.

Erst Jahre später, als ich schon älter war, konnte ich verstehen, dass meinem Vater in dem Moment ein neuer Vater geboren wurde. Ein Vater, der sein eigenes Kind nicht kennt – ein Kind, das schon selber Vater war. Er muss beim Treffen seines eigenen Kindes starke Emotionen erfahren und sich Gedanken gemacht haben, wie sein erwachsener Sohn aussehen würde. Wie würde er sich verhalten? Welche Gefühle würde er für ihn hegen? An diesem Punkt konnte ich die Neugier eines jungen Mannes verstehen, der sich freut, seinen eigenen Vater zu treffen: Sieht er mir ähnlich? Liebt er mich? Möchte er mich als Sohn haben?

Da ich selber Mutter dreier Söhne bin, trifft mich die Einsicht in solche Komplexität jedes Mal wieder wie ein Schlag. Meine verschleierten frühen Kindheitserinnerungen aus der Zeit, als ich zu jung war, um alles zu verstehen, kommen ans Licht.

Als meine Jungs ihre ersten Schritte in der Schule machten, ging mir eine Frage durch den Kopf: Wäre ich die Mutter meines Vaters gewesen, was hätte ich getan, wenn ich mich von meinem eigenen, geliebten Sohn hätte trennen müssen – im Wissen, dass ich mich vielleicht zum allerletzten Mal von ihm verabschiede und ihn eventuell niemals wiedersehe?

Ich dachte über ihn nach, der seine ihm vertrauten Lebensumstände und sein Heimatland verließ und in eine unbekannte Zukunft aufbrach, wo es nichts Vertrautes gab, was ihm in seiner Angst helfen könnte.

Zweimal, als meine beiden älteren Kinder das Alter fürs „Bar Mitzvah" erreicht hatten, also 13 wurden, schoss mir die Frage durch den Kopf: Wie hätten sie sich gefühlt, ein riesiges Schiff zu betreten, welches jungen Augen wie eine große schwimmende Stadt vorkommen muss und sie wiederum ihrer neuen Heimat entreißt in eine unbekannte Zukunft hinein?

Von Zeit zu Zeit, wenn ich sie in ihrer gewohnten Bequemlichkeit und Routine aufwachsen sehe in einem wohl behüteten Leben, reflektiere ich immer wieder die Kindheit meines Vaters, als Bequemlichkeit, Wärme und Schutz ihn plötzlich nicht mehr umgaben.

Zu dem Zeitpunkt unterschied sich mein Vater nicht so sehr von allen anderen. Eigentlich war er einer, der das Glück gehabt hatte, vor den Schrecken Europas gerettet worden zu sein, und dem damit eine glückliche Kindheit verschafft wurde, wie anormal sie auch gewesen sein mag.

Im Alter von 18 Jahren trat ein Wendepunkt in meinem Leben ein. Bis dahin hatten Papas Geschichten mir nicht viel bedeutet. Meine Fragen waren immer wahrheitsgemäß beantwortet worden und das genügte mir als kleines Kind. Dann kam die Zeit nach meinem Highschool-Abschluss, in der mein Vater und ich einige Zeit in Australien verbrachten. Er wollte diese Gelegenheit nutzen, um die jüngste Schwester seiner Mutter, Judith, zu besuchen. Als wir vor ihrem Haus parkten, bat er mich, alleine an die Tür zu gehen und anzuklopfen. Diese Bitte hat mir einen ziemlichen Schock eingeflößt, da ich niemals zuvor erlebt hatte, dass mein Vater zögert voranzugehen.

Ich erfüllte seine Bitte, aber Judith war nicht zu Hause. Sie war nach Übersee gefahren, um ihre Tochter zu besuchen. Wie auch immer, diese Situation führte dazu, dass wir über zwei Stunden im Auto saßen und uns unterhielten. Papa erzählte mir seine Lebensgeschichte in allen Einzelheiten, die ich als Kind nicht mitbekommen hatte, da ich noch nicht alt genug war, um sie zu verstehen.

Zu diesem Zeitpunkt lernte ich die Geschichte vom Kindertransport kennen und erfuhr, dass ich nach einer mutigen Frau benannt war, die die Courage hatte, ihr einziges Kind in der Hoffnung wegzuschicken, dass es eine bessere Zukunft haben würde. Ich war alt genug, um zu verstehen, was passiert wäre, wenn sie nicht so gehandelt hätte. In der Natur verlässt keine Mutter ihre Jungen oder schickt sie weg. Dieses untypische Verhalten in einer verrückten Welt hatte uns ein ganz normales Familienleben beschert. Mein Vater machte im Gegensatz zu manch anderen das Beste aus seiner ungewöhnlichen Lebenssituation. Mit verdammt gutem Sinn für Humor und Betonung der Kunst des Überlebens war er gut ausgerüstet, um mit dieser Welt zurechtzukommen, die nichts aus ihrer Vergangenheit zu lernen scheint.

Auf diesem Wege wurde ich zum Naturliebhaber, mit Kopf und Herz ein Ökologe; ein Mensch, dem die Bedeutung der Gemeinschaft und der Umwelt bewusst ist – im Wissen, dass, egal wie klein ein Mensch in dieser großen Welt ist, er nicht bedeutungslos ist. Jeder kann Dinge je nach seinem Glauben und im Rahmen seiner Fähigkeiten verändern, solange man an seine eigene Macht glaubt.

Genau das tat mein Vater. Er entschied sich, ein guter und glücklicher Mensch zu werden, ein gutes Leben zu führen und jedes bisschen zu genießen, trotz der grauenhaften und bösen Ereignisse, die seine ersten Tage beeinflussten. Glücklicherweise haben diese nie einen dunklen Schatten auf unsere Leben geworfen. Dafür werde ich ewig dankbar sein.

Tammy Hasson

Hadass' Einleitungsworte

Wahrscheinlich wussten wir immer schon, dass die Lebensgeschichte unseres Vaters etwas aus dem Rahmen fiel. Wir haben jedoch nicht gemerkt, wie speziell sie tatsächlich war – er hatte keine gewöhnliche Kindheit und ist nicht durchgängig im selben Zuhause aufgewachsen.

Natürlich kannten wir nicht alle Details, nicht einmal die, die unser Papa selber kannte. Wir wussten aber und haben genau gespürt, was er schon immer ausstrahlte und immer noch ausstrahlt – Humor, Lebensfreude und einen ungewöhnlichen Optimismus.

Erst als wir erwachsen waren, konnten wir verstehen, dass es nicht alles nur Kindheitsstreiche und jugendlicher Leichtsinn waren. Eigentlich drehte sich alles um ein kleines Kind, von dem die eigene Mutter sich trennte, um sicherzustellen, dass es gerettet wird – während es allein von Ort zu Ort wandert, ganz allein, und selber mit allem zurechtkommen muss.

Mit der Zeit verstanden wir auch, dass genau diese drei Dinge – sein Humor, sein Optimismus und seine Lebensfreude – unseren Vater in jenen Jahren am Leben erhalten haben.

Deshalb ist es für uns überhaupt nicht befremdlich, dass eine Geschichte voller Traurigkeiten und Schmerzen mit einem Lächeln – manchmal sogar einem Lachen – erzählt wird. So ist unser Vater, und es wäre seltsam gewesen, wenn er die Geschichte auf eine andere Art und Weise erzählt hätte.

Es ist von extremer Wichtigkeit, noch einmal ein „Dankeschön" auszusprechen:

Danke für das Privileg, an der Reise in deine Vergangenheit teilnehmen zu dürfen, dass ich die Gelegenheit hatte, unsere geteilten Erlebnisse – aufregende wie schmerzhafte – zu dokumentieren. Sie sind nicht nur mit der Kamera, sondern auch in meinem Kopf festgehalten.

Ich erinnere mich besonders an unsere gemeinsame Reise zum ersten Treffen der „Kinder vom Kindertransport" im Sommer 1989. Eine Reise, auf der wir etappenweise an die Orte gefahren sind, in denen du über 40 Jahre zuvor während deiner Zeit in England gelebt und studiert hattest. Dann gab es noch die Reise nach Berlin, die wir im Jahr 2001 zusammen unternahmen, um die Gräber deines Großvaters und deiner Großmutter zu suchen. Wir errichteten einen Grabstein, auf dem du die Namen deiner Mutter und deiner Tante eingravieren ließt. Sie waren durch die Hände eines unter einem Fluch stehenden Mörders umgebracht worden und hatten nie eine angemessene jüdische Bestattung erhalten. Diese Reise führte beinahe zu einem Abschluss anhand einer Menge großer und kleiner Wegweiser, die du mit mir teiltest und konsultiertest. Warum „beinahe"? Weil, wie ich die Sache beurteile, erst das Aufschreiben der Ereignisse zu einem wirklichen Abschluss der Sache führt.

Bezüglich des Aufschreibens muss ich ein kleines „Geständnis" ablegen: Als ich merkte, dass es uns nicht gelang, dich von der Wichtigkeit des Aufschreibens zu überzeugen, beschloss ich, selber tätig zu werden. Ganze Kapitel des „Buches" waren in meinem Kopf schon fertig formuliert und der Anfang war schon zu Papier gebracht. Ich bereue es aber in keinster Weise, dass an diesem Punkt mein Schreiben deines Buches ein Ende nahm. Es ist dein Buch und deine Geschichte, Papa, und kein Mensch auf der Welt könnte sie besser erzählen als du.

Danke, Papa, fürs Verfassen deiner Lebensgeschichte und noch vielmehr für die „Familienwaffen": Optimismus und Humor, die du uns an die Hand gegeben hast, um mit jeder Lebenssituation fertig zu werden.

Hadass Shefi

Dalits Einleitungsworte

Obwohl ich die Lebensgeschichte meines Vaters kannte, habe ich ihn nie als Holocaust-Überlebenden betrachtet; bis zum Juni des Jahres 1999. Was passierte in jenem Monat? Wir nahmen alle an der Kindertransport-Konferenz in London teil. Dort trafen wir andere Kinder der „zweiten Generation" aus aller Welt und fuhren an einige Orte, über die Sie in diesem Buch lesen werden. Auf unserer Englandreise erkannte ich, dass mein Vater zusammen mit all den anderen Kindern in der Tat ein Holocaust-Überlebender ist.

Die Betrachtung seiner Lebensgeschichte und ein Kind zu haben, das genau so alt war wie mein Vater, als er damals in England ankam, war eines der bewegendsten Ereignisse meines Lebens. Am meisten schätzte ich daran, seine Geschichte ein Leben lang zu kennen und dabei das große Glück eines solchen Vaters zu haben, der uns von seiner Vergangenheit erzählt hatte, ohne zuzulassen, dass unsere Leben davon beeinflusst wurden. Die Art und Weise, in der er davon gesprochen hatte, hinterließ keine schwarzen Löcher oder Geheimnisse. Immer mit einem optimistischen Lächeln und einer großen Portion Humor ließ er uns glauben, dass es „normal" wäre – speziell, aber normal.

An diesem Punkt wusste ich, dass zu gegebener Zeit meine Tochter zusammen mit meinem Vater ein Licht bei der Holocaust-Gedenktagszeremonie an unserem Wohnort anzünden würde. Es dauerte weitere vier Jahre, bis meine Tochter alt genug war, um dieses Licht anzuzünden. Da war sie vier Jahre älter als mein Vater zu dem Zeitpunkt, als er seine Mutter zum letzten Mal sah.

Dalit Elan

Der Anfang

Wie wir alle wissen, begann alles vor ziemlich langer Zeit. Meine Vorfahren hießen in der Tat Adam und Eva, seine Auserwählten. Abgesehen von der Bibel habe ich aus dieser Zeit weder eine Heiratsurkunde noch irgendein anderes Dokument mit amtlichem Stempel der damals zuständigen Behörde. Deshalb fange ich der Stelle an, von der ich schriftliche Aufzeichnungen besitze. Zu diesem Zeitpunkt, Anfang des 18. Jahrhunderts, kamen meine Urgroßeltern in Ungarn zur Welt. Auch meine Großeltern und deren drei ältesten Kinder wurden dort geboren. Ihr viertes Kind, nämlich meine Mutter, erblickte im Jahr 1908 in Wien das Licht der Welt. Sie blieb aber nicht lange genug in der Stadt des Walzers, um sie genießen zu können. Vielmehr verließ ihre gesamte Familie Wien nach der Tradition des umherziehenden jüdischen Volkes, als sie das zarte Alter von vier Monaten erreicht hatte. Diesmal mit dem Ziel Berlin, Deutschland. Im Ersten Weltkrieg dienten mein Großvater und seine beiden Söhne in aller Treue der kaiserlichen Armee, was ihnen 30 Jahre später nicht gerade viel Dankbarkeit und Ruhm einbrachte.

Zu dieser Zeit wurde meine jüngste Tante geboren. In den späten 20er-Jahren starb meine Großmutter im jungen Alter von 57 Jahren. Da die Zeiten insgesamt nicht rosig waren, beschloss mein Großvater, ein Zimmer an einen jungen Master-Studenten der Wirtschaftswissenschaften zu vermieten. Etwa zu diesem Zeitpunkt trat ich auf den Plan, aber noch nicht auf die Bühne des Lebens. Damit die Dinge ihren rechtmäßigen Lauf nehmen konnten, beschlossen meine Eltern zu heiraten, und nach ein paar Monaten landete ich in diesem Teil des Universums. Jedoch führten sie keine harmonische Ehe und ließen sich wieder scheiden. Während ich bei meiner Mutter blieb, zog mein Vater ins damalige Palästina. Natürlich wollte er mich dorthin mitnehmen, worüber man mit meiner Mutter allerdings nicht einmal diskutieren konnte. Das hatte zur Folge, dass mein Lebensweg mich erst über viele Umwege ins Heilige Land führte.

Meine Geburtsurkunde

Heiratsregister Nr. 448 des Jahres 1931 H

Heiratsschein.

Vornamen und Familiennamen des Mannes
Alexander Spiegelglas,
Stand: [illegible], diplom-Volkswirt,
aus Berlin-Schöneberg,
geboren am 19ten August 1905
in Sankt Petersburg
Vornamen der Frau:
Marie
geborene Benedik,
aus Berlin-Schöneberg
geboren am 27ten Februar 1908
in Wien
Eheschließung am 7ten August 1931
in Berlin-Schöneberg
Berlin-Schöneberg, am 7 August 1931
Der Standesbeamte
In Vertretung [signature]

Ehemann: ~~Geburtsregister Nr.~~ Geburtszeugnis [illegible]
~~des Standesamts~~ Sankt Petersburger Rabbiner [illegible]
Ehefrau: ~~Geburtsregister Nr.~~ Geburtszeugnis der
~~des Standesamts~~ Kultusgemeinde in Wien

4

Die Trauung
fand statt am
in der
zu
durch
(Siegel)

Staatsangehörigkeit.
Der Ehemann – Seite 4 – besitzt die Staatsangehörigkeit in
laut
, den 19
(Siegel)
(Unterschrift der bescheinigenden Behörde)

5

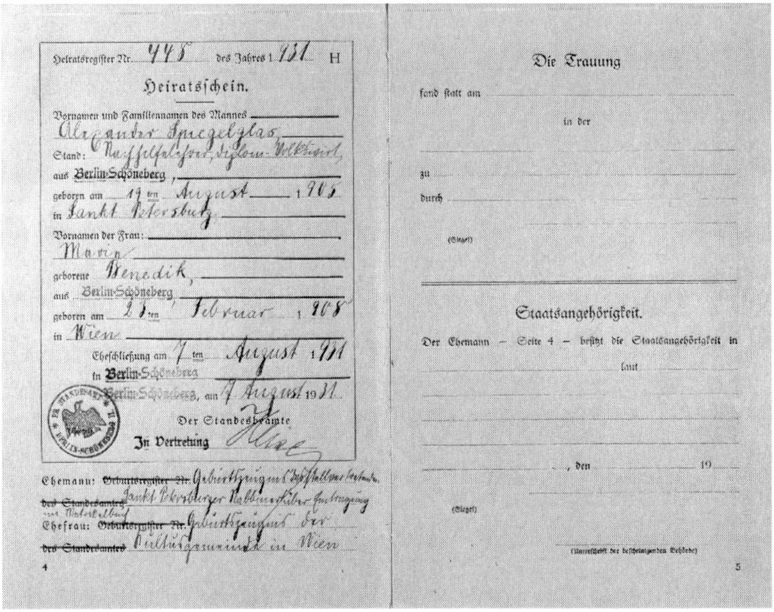

Der Trauschein meiner Eltern

Erstes Kind:

Geburtsregister Nr. 1877 des Jahres 1931 G

Geburtsschein.

Vornamen und Familienname: Georgi
Spiegelglas
geboren am 29ten November 1931
in Berlin
Berlin [illegible] am 1. Dezember 1931
Der Standesbeamte
In Vertretung [signature]

Getauft am in der
zu
durch
(Siegel)

Konfirmation – Erstkommunion: am
in der zu
durch
(Siegel)

6

Zweites Kind:

Geburtsregister Nr. des Jahres 1 G

Geburtsschein.

Vornamen und Familienname:
geboren am ten 1
in
am 19
Der Standesbeamte
(Siegel)

Getauft am in der
zu
durch
(Siegel)

Konfirmation – Erstkommunion: am
in der zu
durch
(Siegel)

7

Mein Geburtsschein

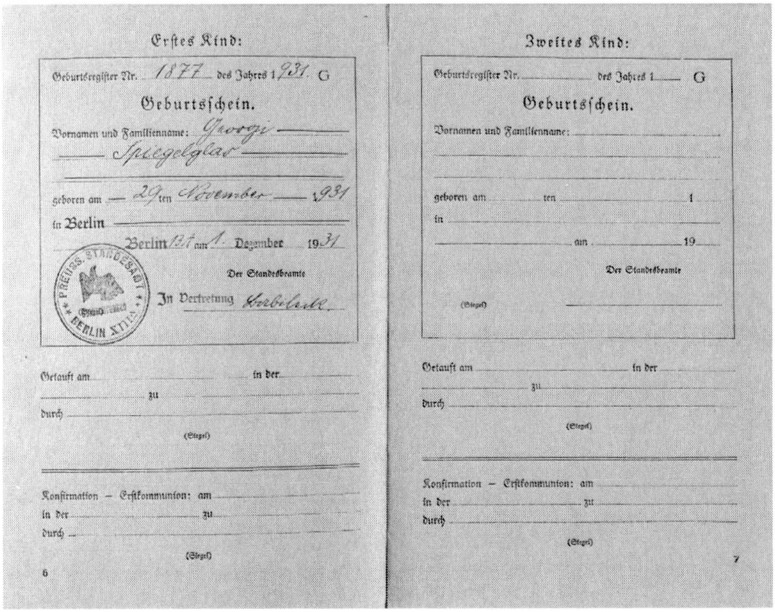

Meine Großmutter, Rosa Benedik Schwartz

Meine Familie

in Kurzform

Als Gentleman fange ich mit meiner Großmutter mütterlicherseits aus der Familie Benedik an. Ich weiß eigentlich nicht viel zu ihrer Person. Sie verstarb schon vor meiner Geburt, und bis ich in das Alter kam, wesentliche Informationen über sie aufnehmen zu können, waren die Erinnerungen an sie längst in der Vergangenheit verblasst. Zu diesem Zeitpunkt ging es auf der ganzen Welt drunter und drüber, und die meisten Deutschen beschäftigten andere Dinge, die sie weitaus schwerer belasteten. Ich weiß jedoch, dass sie am 2. Januar 1870 im kleinen ungarischen Dorf Rabahidveg in der Nähe von Szombathely geboren wurde und meinen Großvater zu späterem Zeitpunkt im selben Dorf heiratete. Solche Namen existieren nur bei den Ungarn. Sonst weiß ich nur, dass sie am 21. September 1927 starb. Zirka 70 Jahre später sollte dieses Wissen noch eine große Rolle in meinem Leben spielen.

Jetzt komme ich zu meinem Großvater, der in den ersten sieben Jahren meines noch unschuldigen Lebens eine wichtige, manchmal sogar dominierende Rolle gespielt hat. Dieser Gentleman wurde am 5. August 1868 im selben Ort wie meine Großmutter geboren und, wie schon erwähnt, sie heirateten auch dort. Ich vermeide es, aus Rücksicht auf die Leser, die ungarischen Namen ein zweites Mal zu erwähnen.

Nun wende ich mich der Generation meiner Mutter zu. Das älteste Kind war ein Sohn mit dem Namen Sandor, auf Englisch Alexander, und wurde am 2. November 1896 geboren. Als junger Mann trat er in die Fußstapfen seines Vaters und erlernte den Beruf des Werkzeugmachers. Während des Krieges diente er jedoch als Fotograf und machte Luftaufnahmen zur Aufklärung und zum Landkarten-Erstellen. Nach dem Krieg fuhr er als blinder Passagier

Mein Großvater David Benedik in seiner Soldatenuniform

mit dem Schiff nach Amerika, und wenn es nötig war, gebrauchte er einen falschen Namen. Als er die amerikanische Staatsbürgerschaft zugesprochen bekam, nahm er offiziell seinen echten Namen wieder an. Irgendwann, vor der großen Depression, heiratete er und bekam einen Sohn namens Frank Peter. Weil er seine Arbeitsstelle in seinem erlernten Beruf verloren hatte, arbeitete er in jenen schwierigen Jahren als freiberuflicher Fotograf. Da er jedoch ein guter Werkzeug-Designer war, bot man ihm eine Arbeitsstelle in Russland an, als Leiter eines Ladens für Werkzeuge der Automobilindustrie.

Er muss gute Arbeit geleistet haben, denn sein Arbeitsvertrag wurde acht Jahre lang stets verlängert. Im Jahr 1938 muss er jedoch – so wie ein paar Millionen Russen und andere Ausländer – beim Genossen Stalin in Ungnade gefallen sein und wurde abrupt, nur mit der Kleidung, die er am Leibe trug, und ein paar Wechselsocken, über die polnische Grenze des Landes verwiesen. Er war seinen Gastgebern dennoch überaus dankbar, denn die meisten reisten unter weitaus weniger komfortablen Bedingungen in die entgegengesetzte Richtung. Auf seinem Rückweg in die USA kam er nach Berlin. Da ich mich aber keinen Deut daran erinnere, kann das Treffen keinen besonderen Eindruck auf mich gemacht haben. Damals ahnte keiner, dass ich die einzige Person aus dieser Begegnung sein würde, die er jemals wiedersehen würde. Er bekam jedenfalls nach seiner Rückkehr eine gute Arbeitsstelle, zog eine Familie groß und führte ein glückliches Leben. Nach ca. sieben Jahren kreuzten sich unsere Lebenswege erneut, aber davon erzähle ich später.

Nun komme ich zu meiner Tante Margrit, die immer Grete gerufen wurde; die nächste Angehörige des Benedik-Clans. Ich weiß nicht viel über sie und auch nicht, wer ihr diesen Kosenamen gegeben hat. Sie wurde am 26. Dezember 1897 geboren. Welchen Beruf sie nach der Schulzeit gelernt hat, ist mir nicht bekannt, aber sie arbeitete als Verkäuferin in einem renommierten Schuhgeschäft als leitende Angestellte. Dass sie eine leitende Funktion hatte, entnehme ich der Tatsache, dass sie nicht wie geplant entlassen wurde, als die Judengesetze in Kraft traten. Der Eigentümer war so sehr auf ihr

Großmutter und Großvater Benedik

Die Familie Benedik (von links): Robert, Großmama Rosa, meine Mama Marie, Grete, Judith (sitzend), Großpapa David und Sandor

Fachwissen über sein Geschäft und die Handelsware angewiesen, dass er sie ins Lager umsetzte. Er brauchte sie als Unterstützung an seiner Seite. Dieses war für uns von großer Bedeutung, weil sie die Alleinverdienerin von uns vier war. Meine Mutter erledigte zwar Näharbeiten bei uns zu Hause, aber ohne die Aufträge der nichtjüdischen Klienten waren die Einnahmen knapp. Meine Tante hatte sogar vor Kriegsbeginn eine Einwanderungsgenehmigung für Australien bekommen. Sie verschob den Zeitpunkt ihrer Abfahrt jedoch immer wieder, weil sie sagte, dass wir drei, Opa, meine Mutter und ich, ohne ihr Einkommen verhungern würden. Leider hatte sie damit recht. Sie zahlte für dieses fürsorgliche Handeln einen hohen Preis; nämlich ihr Leben im zarten Alter von 46 Jahren.

Auch über das dritte Kind, Onkel Robert, weiß ich wenig. Er war gelernter Klempner, arbeitete jedoch als Mechaniker und Werkzeugmacher im Familienbetrieb. Dieser Herr, der am 13. September 1899

Onkel Sandor entflieht der Realität

Onkel Sandor als Haute-Couture-Model

Onkel Sandors amerikanische Staatsbürgerschaft

geboren war, hatte zwei Charakteristika, die ihn kennzeichneten. Das erste passte in die Zeit, die zweite nicht. Er war nämlich Amateurboxer und Kommunist. Soweit ich weiß, hat er Anfang der 30er-Jahre etlichen Nazis das Nasenbein gebrochen. Sie können sich vorstellen, dass er flugs Deutschland verlassen musste. Er reiste 1938 mit seiner Frau gleich nach ihrer Hochzeit nach Shanghai aus. Ein Jahr später erwies sich diese Verwandtschaftsbeziehung als äußerst wertvoll und bahnte mir den Weg nach England. Sein Aufenthalt in Shanghai dauerte bis zum Ende des Krieges mit Japan, da das Land nicht gerade gute Kontakte zu Mitgliedsstaaten des British Commonwealths pflegte. Schlussendlich kam er in Australien an, wo er 1956 verstarb. Dieses hatte er wahrscheinlich, genauso wie sein älterer Bruder, seinem starken Tabakkonsum zu verdanken. Da er kinderlos blieb, besitze ich von dieser Seite der Familie keine Cousins oder Cousinen.

Meine Mutter (mit X gekennzeichnet) im Sommerlager

Nun komme ich zum wichtigsten Mitglied dieser Generation, ohne das ich diese Biografie niemals hätte schreiben können. Ja, ich meine meine Mutter. Sie trat der Familie Benedik am 23. Februar 1908 in Wien bei und war dazu bestimmt, als Erste unserer engeren Familie im 20. Jahrhundert geboren zu sein. Wahrscheinlich hatte sie aber keinerlei Erinnerungen an Wien, da die Familie im selben Jahr noch nach Berlin umzog. Sie besuchte wohl eine Volksschule wie alle Kinder damals und fuhr sogar ins Sommerferienlager mit, von dem ich dieses Gruppenfoto besitze.

Danach lernte sie Näherin. Ich weiß nicht, ob sie dafür eine Schule besuchte oder eine Ausbildung machte. In den 20er-Jahren muss es ihr und dem Rest der Familie genauso wie fast allen Deutschen wirtschaftlich gut gegangen sein. Na ja, irgendwann im Jahr 1929 oder 1930 erschien mein Vater auf der Bildfläche, und ich kam am 29. November 1931 noch dazu.

Jetzt beginnt meine persönliche Lebensgeschichte. Es kann sein, dass sich die Ereignisse nicht exakt so abgespielt haben, wie nach-

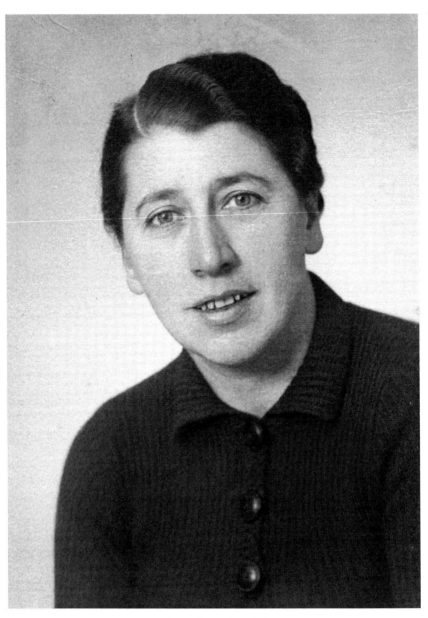

Tante Grete Benedik

folgend aufgeschrieben, sondern meine Schilderungen entweder so sind, wie ich sie in Erinnerung habe, oder so, wie sie mir erzählt wurden. Zuerst muss ich aber das jüngste Mitglied der Generation meiner Mutter hinzufügen, nämlich meine Tante Judith.

Sie war die Jüngste der fünf Benedik-Geschwister, und obwohl ich kürzlich mit ihrer Tochter, meiner Cousine Margret, gesprochen habe, habe ich nicht viele Informationen über sie erhalten. Anscheinend hat sie wenig über ihre früheren Lebenserfahrungen mit anderen gesprochen. Deshalb kann es sein, dass das, was andere mir über sie erzählt haben, nicht zu 100 Prozent der Wahrheit entspricht.

Judith wurde am 27. September 1912 in Berlin geboren. Sie ist damit, außer meiner Person, die Einzige aus unserer Familie, die in diesem Land zur Welt kam. Soweit ich weiß, war sie kein gesundes Kind und brauchte eine Menge medizinischer Betreuung. Dafür war sie aber ein hübsches Kind. Obwohl sie wie alle Kinder zur Schule ging, konnte ich nicht in Erfahrung bringen, welchen Beruf sie hatte und ob sie jemals in Deutschland gearbeitet hat. Meines Wissens war sie kurzzeitig mit einem Zahnarzt verheiratet, hatte jedoch keine Kinder. Im Jahr 1938 oder 1939 hat sie sich entweder noch mal verlobt oder geheiratet. Beide sind dann gemeinsam über Shanghai nach Australien ausgewandert und haben dort ein kleines Bekleidungsgeschäft eröffnet. Im Jahr 1940 wurde ihr einziges Kind, meine Cousine Margret, geboren. Um 1959 herum zog diese Cousine in die USA, wo sie seitdem lebt.

Als meine Tante später Witwe wurde, zog sie zu ihrer Tochter nach Amerika, wo sie leider zwei Jahre später, am 19. Mai 1986, verstarb. Meine Cousine ließ sie nach Australien überführen und an der Seite ihres geliebten Ehemanns beerdigen.

Nachdem ich mir viel Zeit für den Benedik-Clan genommen habe, liegt es mir am Herzen, den Spiegelglas-Clan vorzustellen und meine besondere Beziehung zu meinem Vater aufzuzeigen. Ich bin nie jemandem aus der Elterngeneration meines Vaters begegnet. Ich weiß nur, dass beide Großeltern väterlicherseits in Russland lebten und höchstwahrscheinlich auch dort zur Welt kamen.

Onkel Robert Benedik

Soldat Robert Benedik, 1917/1918

Im frühen 20. Jahrhundert brach mein Großvater in die USA auf, wo er im Jahr 1926 verstarb. Meine Großmutter dagegen blieb in Russland, und nachdem sie die 900 Tage andauernde Belagerung während des Zweiten Weltkriegs überlebt hatte, verstarb sie in Leningrad im Jahr 1956. Ihre Söhne wurden des Landes verwiesen. Mein Vater zog nach Deutschland und studierte Wirtschaft. Sein jüngerer Bruder George, das schwarze Schaf der Familie, buchte im Jahr 1931 eine einfache Fahrt nach Australien. Er war damals erst 17 Jahre alt, und ich glaube, es war für ihn ganz schön hart, weil dort keine Verwandtschaft lebte. Ich habe ihn einige Male getroffen und denke, er hat sich in dem Land ziemlich verändert. Es hingen immer dunkle Wolken über der Beziehung zwischen meiner Stiefmutter Clare und ihm.

Im Jahr 1934, nachdem meine Eltern sich hatten scheiden lassen, zog mein Vater nach Palästina, heiratete dort noch einmal, bekam eine Tochter und wanderte nach Australien aus. Während seiner Zeit im Heiligen Land diente er bei der „Mandatory police" (Polizeieinheit während der britischen Militäradministration) und arbeitete auch für die Britische Armee. Als er noch in Nahariya lebte, erblickte meine Schwester Rina das Licht der Welt.

Diese Tatbestände erfuhr ich erst, nachdem ich geheiratet hatte. Unsere Verbindung war in der Zeit zwischen 1934, als mein Vater Deutschland verlassen hatte, und 1959, als ich seine Spur rein zufällig wieder aufnahm, gänzlich abgebrochen. Diese Geschichte werde ich in dieser Biografie an späterer Stelle weiter ausführen. Was ich an dieser Stelle schon hinzufügen und später wieder aufgreifen möchte, ist, dass ich eine große Familie fand und wunderbare Beziehungen zu ihnen allen pflege.

Meine Mutter mit ihrer kleinen Schwester Judith

Tante Judith und Onkel Robert (stehend) mit Ehepartnern

Die Familie meines Vaters: meine Großmutter (links stehend), mein Großvater (sitzend neben ihr) und dazwischen mein Vater als kleiner Junge

Die beiden Schwestern Grete (links) und Judith

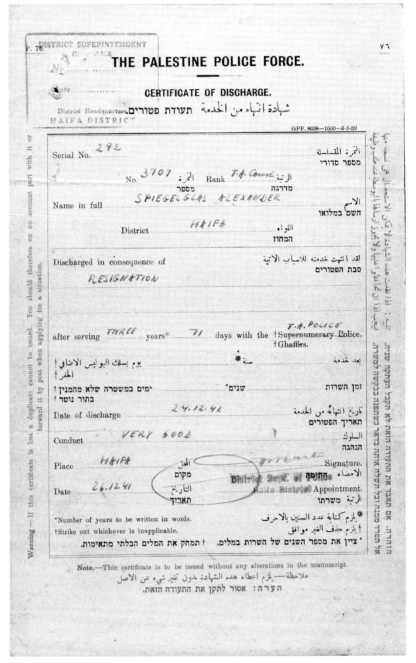

Die Entlassungsurkunde meines Vaters durch die palästinensische Polizei

г. Гродно 11 августа 1905
Любезные дорогие внуки мои
Поздравляем вас с новорожденным
сыном и мы ... желаем наше нед...
кратно по еврейски ... . Дай Господь
как матери, так и новорожденному
послало здравие, да к тому желаем
вам с его появлением на свет Божий
полное счастье, чтобы в вашем доме
всегда была радость
Дедушка Бабушка Соловейчик
и Кейля ...

*Gratulationen an die Familie Spiegelglas vom 11. Dezember 1905
zur Geburt meines Vaters*

Mein Vater in der Grundschule

Der junge Alexander Spiegelglas (obere Reihe, Dritter von links)

Alexander Spiegelglas (irgendwo auf diesem Foto)

Die Anfangsjahre –
Deutschland 1931-1939

Meine ersten sieben Jahre auf diesem Planeten erinnern mich an die Geschichte des Mannes, der vom Empire State Building herunterfiel. Als er an der 54. Etage vorbeikam, rief eine Sekretärin: „Was ist los?" Er antwortete: „So weit, so gut!"

In den ersten Jahren wusste ich nicht, was mich noch erwartete. Ich war wohl das am meisten verhätschelte, verwöhnte und beschützte Kind, wenn nicht auf der ganzen Welt, dann zumindest in Berlin. Ich war so behütet, dass kein Ereignis jener Jahre mich beeinträchtigte. Dieses nahm natürlich in der Nacht vom 9. zum 10. November 1938 ein abruptes Ende. Lassen Sie mich jedoch einige glückliche Ereignisse vor diesem Datum in Erinnerung rufen.

Eines der ersten Ereignisse, an die ich mich erinnere, war ein Besuch bei Tante Judith in ihrem Sommerhaus, wo ich auch im Winter gern gewohnt hätte. Wie Sie schon wissen, waren die beiden Ehemänner meiner Tante, sagen wir –ziemlich wohlhabend. Zwei oder drei einprägsame Begebenheiten, die nichts miteinander zu tun haben, bleiben mir wie Bilder im Gedächtnis. Eines davon ist, dass Max Schmeling, der deutsche Boxweltmeister, auch eine Villa in der Gegend besaß, die eines Nachts bis auf die Grundfesten abbrannte. Man kann sich meine Aufregung über all die tollen, herumrasenden roten Feuerwehrwagen und schwarzen Polizeiautos vorstellen. Dazu die Flammen, der Rauch, die Feuerlöscher und das ganze Durcheinander; eine ziemliche Aufregung für ein ca. vierjähriges Kind.

Ich erinnere mich auch an die Spargelfelder mit ihren vielen Furchen, damit nur die Spitzen grün bleiben.

Und ich erinnere mich an das Motorboot, das an der Anlegestelle fast unter Wasser stand. Für ein Kind meines Alters wurde die Bedeutung dessen, dass „wir" ein Motorboot besaßen, dadurch aber

*Ich verstecke mich ein paar Monate vor meiner Geburt in Mamas Bauch (links),
daneben meine Tante Judith*

Zusammen mit einem engen Freund in den Wäldern am Wannsee

Meine Tanten Margit (links) und Judith

keineswegs geringer. Es blieb wenigstens noch zum Teil an der Oberfläche sichtbar.

Eine andere, ziemlich gefährliche Angelegenheit war, dass ich einen unbegrenzten Vorrat an Schokolade besaß. Es ist natürlich die Aufgabe einer Tante, Nachkommen der anderen Familienmitglieder zu verwöhnen. Ich muss es aber eines Tages übertrieben haben und die Schokolade machte eine „Retourkutsche". Ich kann mich nur zu gut daran erinnern, wie ich im Bett saß, die Hände schützend um einen Haufen „geschmolzener" Schokolade hielt und wie am Spieß brüllte. Ich muss zugeben, dass ich nicht weiß, wer mich aus dieser Sauerei befreit hat.

Eine weitere angenehme Erinnerung betrifft die Ausflüge in den Tierpark im Zentrum von Berlin. Hierfür war mein Großvater zuständig. Wir stiegen in den Bus oder in die Straßenbahn direkt vor unserer Haustür, fuhren den weiten Weg zum Brandenburger Tor und spazierten durch die wunderschön grüne Umgebung. Eine Tüte Nüsse durfte nicht fehlen, um die Eichhörnchen zu füttern. Mein Großvater nahm ein paar Nüsse in die Hand und den Rest tat er in seine Manteltasche. Dann hockte er sich hin, verhielt sich mucksmäuschenstill und wartete, bis ein Eichhörnchen sich traute, aus seiner Hand zu fressen. Allerdings blieb er, auch als das Eichhörnchen fertig war, in der Position und wartete, bis es Zutrauen gefasst hatte, seinen Arm entlang kletterte, in seine Manteltasche stieg und dort sein Festmahl glücklich beendete. Während der ganzen Prozedur musste ich stillstehen und durfte nicht einmal blinzeln. Im Anschluss würde ich vielleicht ein Würstchen bekommen, wir würden in einen Bus steigen und uns auf den Nachhauseweg machen.

Dieses Ritual wurde trotz der Restriktionen, die den Juden von den Nazis auferlegt wurden, bis zu dem Zeitpunkt, als ich meine Familie verlassen musste, weitergeführt . Kein Flehen meiner Mutter und meiner Tante konnten ihn überzeugen, dass er ein hohes Risiko einging, mit der Gestapo Ärger zu bekommen. Seine Antwort war immer gleich: Er habe seinem Vaterland als Oberstabsfeldwebel gedient und dürfe von seinen Rechten Gebrauch machen.

Mein Großvater David Benedik, 20. Juni 1928

Ich muss zugeben, dass er wahrscheinlich aufgrund seiner Gradlinigkeit und seines Selbstbewusstseins niemals belehrt wurde. Er war willensstark und definitiv der Herr im Haus, dessen Wort man gehorchen musste. Ein gutes Beispiel dafür ist der Tag, an dem meine Mutter sagte, sie würde hinuntergehen, um Milch und Eier zu kaufen. Ich befand mich auf dem Balkon, um ein wenig frische Stadtluft zu tanken. Mein Großvater schlug ihr nicht nur vor, sondern sagte ihr, sie solle mich mitnehmen, um – wie Sie sicher vermutet haben – frische Luft zu schnappen. Der Lebensmittelhändler befand sich zufällig gleich neben unserem Hauseingang. Also machte der Weg nicht wirklich Sinn, was meine Mutter ihrem Vater auch sagte. Da sie auf diese Anmerkung keine Antwort bekam, machte sie sich auf den Weg und bereitete, als sie wiederkam, das Abendessen zu. In der Zwischenzeit war meine Tante von der Arbeit nach Hause zurückgekehrt. Als das Essen fertig und der Tisch gedeckt war, riefen sie meinen Großvater, sich zu uns zu gesellen. Was dann geschah, werde ich nie vergessen. Mein Großvater betrat die Küche, wo wir am Essen waren, ergriff den vollen Tisch, stieß ihn um, drehte sich weg und verließ den Raum. Es war nicht ein Wort gesprochen worden und so blieb es mindestens 15 Minuten lang. Ich muss wirklich geschockt gewesen sein, denn ich kann mich überhaupt nicht erinnern, was anschließend geschah. Ich weiß nur, dass ich mich zügig aus dem Staub gemacht habe.

Woran ich mich gut erinnere, sind meine vielen Kinderkrankheiten. Am unangenehmsten war die Entfernung der Mandeln. Ich saß bei einer Krankenschwester auf dem Schoß, die höchstwahrscheinlich irgendwann vorher Profi-Wrestlerin gewesen war. Sie stopfte mir etwas unter die Nase und ich sollte bis zehn zählen. Da ich diese Kunst seit Kurzem beherrschte, fiel es mir nicht schwer. Als mir aber eine Art Zange in den Rachen gerammt wurde, gestaltete sich das Zählen als ziemlich unmöglich. Ich weiß noch, wie die Mandeln aussahen, da ich einen kurzen Blick auf sie werfen konnte, bevor sie weggeschafft wurden. Ob ich danach nach Hause gehen konnte oder ein bis zwei Tage im Krankenhaus blieb, weiß ich nicht.

Mit einem Freund am Wannseer Strand

Vor einem Berliner Bezirksgericht der 1930er-Jahre

Weitere Male musste ich eine Zeitlang in Quarantäne, weil ich Windpocken oder Scharlach oder beides zusammen bekommen hatte. Das war allerdings nicht so aufregend. Eine weitere Kindheitserinnerung ist, wie ich mit meiner Mutter, während sie ein Bad nahm, in der Badewanne spielte. Ich besaß ein paar kleine Boote, mit denen ich einige schöne Inseln und Buchten entdeckte. Ich nehme an, dass dies der Beginn meiner Karriere bei der Marine war.

Im Herbst 1938 kam ich in die Schule, die, soweit ich erinnere, Teil der Synagoge war. Bis zum 10. November 1938 gab es keine besonderen Vorkommnisse. An jenem Tag wurden die jüdischen Gemeinschaften Deutschlands und Österreichs sehr klar darüber in Kenntnis gesetzt, wie die Zukunft aussehen würde. Meine Schule wurde zusammen mit dem Gotteshaus bis auf die Grundmauern niedergebrannt und wir mussten woanders zur Schule gehen. An den Ort habe ich aber keine Erinnerungen. Die Schule begann also für mich erst so richtig einige Zeit später in England. Ich weiß auch noch, wie ich in einem Park ganz in der Nähe unseres Hauses, wo das Bezirksgericht untergebracht war, gespielt habe. Als ich vor einigen Jahren nach Berlin kam, habe ich den Park wieder aufgesucht.

Im Großen und Ganzen gab es aber auch in jenen Tagen trotz des sich entwickelnden Elends viele glückliche Momente. Diese Zeiten der Freude nahmen am 26. Juli 1939 ein abruptes Ende.

Ich denke, dass sich die Entscheidung meiner Mutter kurze Zeit nach der Reichskristallnacht, an die ich mich noch lebhaft erinnere, herauskristallisiert hat. Ich war zwei Tage lang zu Hause regelrecht wie im Gefängnis eingesperrt, weil meine Mutter Angst hatte, mich vor die Tür zu lassen. Als ich aber vor die Tür ging, sah ich das Resultat. Alle Geschäfte in jüdischem Besitz hatten zerbrochene Fensterscheiben und waren ausgeraubt worden.

Der Schreibwarenladen direkt nebenan, der einem gemischten Ehepaar gehörte, er war Jude und sie Christin, war allerdings als einziger Laden nicht zerstört worden. Es waren jedoch auf den Bürgersteig davor alle möglichen obszönen Sprüche gekritzelt worden. Der Besitzer war gerade dabei, den Bürgersteig sauberzuschrubben,

Vor einem Berliner Bezirksgericht im Jahr 2001

während eine Ansammlung von Menschen glotzte und sich darüber mokierte.

Ich hatte nicht den blassesten Schimmer von dem, was folgen sollte. Am 25. Juli erzählte meine Mutter mir, dass ich allein verreisen würde, aber mir keine Sorgen zu machen bräuchte, weil sie bald nachkommen würde. Da ich mit Eisenbahn und Schiff reisen würde, hörte es sich für mich ganz angenehm an. Wir mussten uns beeilen, also packte Mama alle nötigen und ich alle unnötigen Sachen zusammen. Der Berg Spielsachen, den ich zusammengekramt hatte, war doppelt so hoch wie der Haufen Kleidungsstücke. Nach-

Meine Mutter bei uns zu Hause in Berlin mit den 3 Musketieren
(ich links zusammen mit zwei Freunden)

Ein Glücksmoment für meine Mutter und mich bei uns zu Hause in Berlin

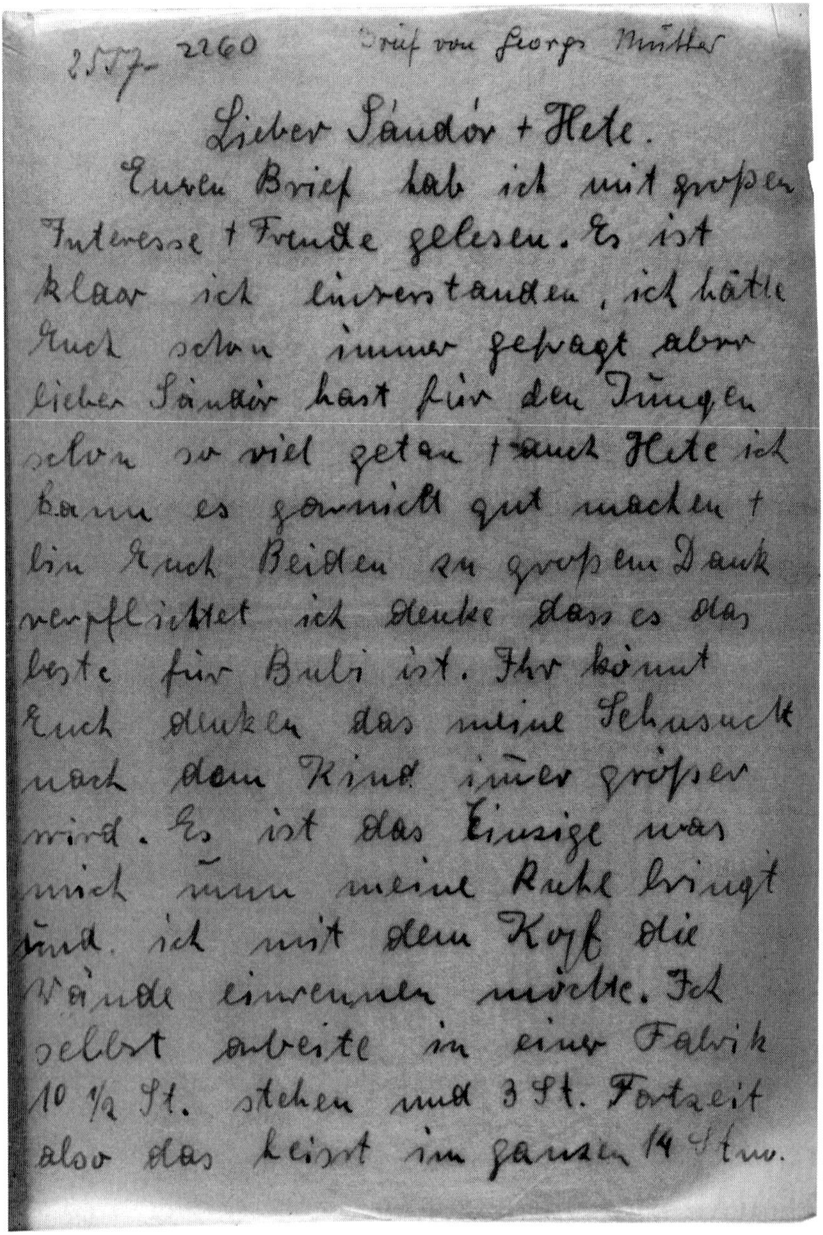

Brief von Georg Mutter

Lieber Sándor + Hete.

Euren Brief hab ich mit großem
Interesse + Freude gelesen. Es ist
klar ich einverstanden, ich hätte
Euch schon immer gefragt aber
lieber Sándor hast für den Jungen
schon so viel getan + auch Hete ich
kann es garnicht gut machen +
bin Euch Beiden so großen Dank
verpflichtet ich denke dass es das
beste für Buli ist. Ihr könnt
Euch denken das meine Sehnsucht
nach dem Kind immer größer
wird. Es ist das Einzige was
mich immer meine Ruhe bringt
und ich mit dem Kopf die
Wände einrennen möchte. Ich
selbst arbeite in einer Fabrik
10 ½ St. stehen und 3 St. Fortzeit
also das heisst im ganzen 14 Stu.

Ein Brief von meiner Mutter an ihren Bruder

50

dem sie ihn aussortiert hatte, blieb nicht viel davon übrig. Das einzige Spielzeug, an das ich mich erinnern kann und worüber ich sehr traurig war, es zurücklassen zu müssen, war mein großes Feuerwehrauto. Ich konnte mich auf die eingeklappten Leitern setzen, sozusagen damit herumfahren, und wenn sie ausgeklappt waren, überragten sie bei Weitem meinen Kopf.

Schließlich war alles für den nächsten Morgen vorbereitet, an dem wir sehr früh aufstanden und zum großen Bahnhof fuhren, mit einem Transportmittel, an das ich mich keineswegs erinnern kann. Auch hier erinnere ich mich nur daran, wie ich die große Treppe zum Bahnsteig hinaufstieg, dann kommt eine große Gedächtnislücke – keine Erinnerung an das letzte Auf Wiedersehen oder den letzten Körperkontakt. Andererseits weiß ich, dass sie erwähnte, sie würde für einen letzten Abschied zum Bahnhof West-Berlin gehen, was ihr aber nur teilweise gelang. Ich habe ein sehr lebendiges Bild davon, wie sie den Bahnsteig entlanglief, jedoch ohne Erfolg versuchte, mich zu finden. Ich vermute, dass ich nicht laut genug geschrien habe, um es mit den anderen 300 Stimmen aufnehmen zu können, die in genau der gleichen Situation waren wie ich.

Jedenfalls fuhr der Zug einige Minuten später los. Es war das allerletzte Mal, dass ich meine Mutter noch für einen sehr kurzen Augenblick sehen konnte.

Ich kann meine Gefühle eigentlich gar nicht richtig beschreiben. Einerseits empfand ich wahrscheinlich tiefe Traurigkeit, andererseits eine Art Abenteuerlust. Wir hatten Berlin frühmorgens verlassen und erreichten am späten Nachmittag oder frühen Abend die holländische Grenze, wo wir zum letzten Mal von der Gestapo inspiziert wurden. Ich muss nicht betonen, dass wir mucksmäuschenstill oder stocksteif vor Angst und Schrecken waren. Als wir schließlich die Grenze überquert hatten, jubelten die größeren Kinder laut und wir Kleineren müssen ziemlich dumm ausgesehen haben, weil wir nicht verstanden, welche Bewahrung uns gerade zuteilgeworden war. Ich erinnere mich aber deutlich an einige holländische Frauen, die den Zug bestiegen und unter uns frisches Obst

Meine Mutter Miriam Spiegelglas Benedik

sowie Sandwiches auf papierbootähnlichen Tellern verteilten. Die Teller und die Obstsorten kann ich heute noch genau beschreiben. Das verdeutlicht, welche Dinge lebenslangen Eindruck auf einen siebenjährigen Jungen in einer derart hektischen und grausamen Welt machen. Jedenfalls bestiegen wir noch in derselben Nacht ein Schiff in Richtung Harwich. Von der Überfahrt kann ich mich genauestens an die Kabine und das Etagenbett erinnern, aber nicht, ob ich mich ausgezogen habe. Ich nehme an, dass wir allesamt total erschöpft waren.

Ich möchte noch hinzufügen, dass ich einen einzigen unter Naziüberwachung geschriebenen persönlichen Brief, bestehend aus 25 Wörtern, von meiner Mutter erhielt. Ich bereue sehr, dass ich diesen Brief nicht aufbewahren konnte, aber ich musste die Antwort auf die Rückseite schreiben. In späteren Jahren gelang es mir, einen Teil der Korrespondenz zwischen meiner Mutter und ihrem Bruder in den USA in meinen Besitz zu nehmen. Diese Korrespondenz endete allerdings mit dem Angriff auf Pearl Harbor. Das waren sehr traurige Briefe. Das einzig Fröhliche an ihren Inhalten war die Freude darüber, dass ich nach England übergesiedelt war.

Ich schätze, dass jenes Gefühl sie auf dem ganzen Weg nach Auschwitz begleitet hat, wo sie am 30. Januar 1943 ankam.

Eine weitere traurige, aber auch positive Begebenheit war der Tod meines Großvaters bei ihm zu Hause. Dem Brief nach zu urteilen, den er nach Amerika schrieb, konnte man regelrecht spüren, dass er sich seines Schicksals und dessen seiner beiden Töchter vollends bewusst war.

Bevor ich mit meiner persönlichen Eskapade fortfahre, möchte ich ein paar Worte zum „Kindertransport" hinzufügen, der mein Leben rettete. Dieses Programm wurde direkt im Anschluss an die Reichskristallnacht sowohl von christlichen als auch jüdischen Organisationen initiiert und innerhalb von zwei Wochen erreichte der erste Schwung England. Am Anfang wurde alles locker gehandhabt.

Ab April 1939 forderte die britische Regierung ihre Bürger auf, Bürgschaften von jeweils 50 Pfund pro Kind zu übernehmen.

Hinzu kam, dass nicht für jedes Kind eine Pflegefamilie gefunden wurde. Manche wurden in Sommerlagern oder Herbergen untergebracht. Es ist eine Menge über die Erfahrungen dieser Kinder geschrieben worden und nicht alle Geschichten hatten einen fröhlichen Inhalt.

Ein neues Zuhause –
eine andere Welt

Wir erreichten irgendwann am frühen Morgen Harwich. An das Anlegemanöver am Kai kann ich mich nicht erinnern.

Das nächste Bild, das sich tief in mein Gedächtnis eingeprägt hat, fand auf irgendeinem Feld statt. Viele Erwachsene kamen dorthin und suchten sich Kinder aus, die sie mitnehmen sollten, um diese zu adoptieren, in Pflege zu nehmen oder für die sie einfach eine Vorliebe empfanden. Ich gehörte vielleicht zu den Privilegierten, da ich eine Verwandte hatte, die mich abholte. Sie war eine von drei Schwestern und eine ihrer Schwestern war die Ehefrau meines Onkels Robert, der es bis nach Shanghai geschafft hatte. Die Fahrt zu ihrem Zuhause liegt mal wieder total im Dunkeln, aber an die Raumaufteilung ihrer Wohnung, den großen Garten und insbesondere an die Obstbäume erinnere ich mich genau. Wann die Schule in England begann, weiß ich nicht, doch ich habe auf jeden Fall eine Bildungseinrichtung besucht, auch wenn ich wenig Inhaltliches aufnehmen konnte. Ich hatte ja eine gute Ausrede, denn der gesamte Unterricht fand natürlich auf Englisch statt. An einem Unterrichtsfach zur Mittagszeit konnte ich jedoch ganz ohne Sprachprobleme teilnehmen, nämlich an der Mittagsruhe. Zu diesem Zweck wurden nach dem Essen Stoffbetten aufgestellt und alle mussten einen kleinen Nachmittagsschlaf halten.

Obwohl ich mich immer noch nicht darauf eingestellt hatte, dass das Schicksal mich plötzlich einen anderen Weg führte, passierte fünf Wochen, nachdem ich in England angekommen war, genau das: Meine Kenntnis der englischen Sprache war auf dem Stand eines Embryos und ich wusste nicht, wie ich dieses Hindernis umschiffen sollte. Zusätzlich wurde ich durch den Ausbruch des Krieges vom Flüchtling zum Evakuierten, und zwar mit anderen zusammen, deren Sprache ich nicht einmal beherrschte. Alle Kinder und einige Lehrkräfte versammelten sich an einem Bahnhof und fuhren los an ein unbekanntes Ziel.

Auch wenn jemand den Kindern erklärt haben sollte, was gerade passierte, war es für mich lediglich vorbeiziehender Krach und ein riesiges Durcheinander. Ich bin aber höchstwahrscheinlich im Zeichen Fortunas geboren, denn langsam klärte sich die Situation etwas und ich fing an, mich besser zu orientieren. Am Anfang, als wir in Barnack ankamen, war ich beim Pfarrer der Dorfkirche einquartiert, aus zwei guten Gründen: erstens wohnte er in einem großen Haus und zweitens waren zwei junge Lehrer, die Deutsch sprachen, auch dort einquartiert. Also konnte ich mich auf indirektem Weg verständlich machen und umgekehrt. Soweit ich mich erinnere, war ihr Englisch nicht besonders gut, aber das war nicht mehr so wichtig. Denn ab diesem Zeitpunkt lernte ich rasend schnell Englisch. Die strenge englische Disziplin tat das Ihrige, einschließlich des meterlangen Bambusschlagstocks vom Schuldirektor mit einem Durchmesser von 6 mm. Das war eines seiner Handwerkzeuge und hatte zwei Ziele: den Hintern oder den Handteller. Der Effekt war der Gleiche.

Nun ein paar Informationen zum Pfarrhaus und seinen Bewohnern: Eric Nesbitt war der Pfarrer des Dorfes, dessen Geschichte bis ins 12. Jh. zurückgeht. Im Übrigen, als ich Barnack das letzte Mal im Jahr 1999 besuchte, bekam ich ein Geschichtsbuch des Dorfes geschenkt, das die Namen aller Pfarrer, die seit jenem Jahrhundert in der Kirche ihren Dienst absolviert haben, auflistet.

Pfarrer Nesbit hatte fünf Kinder, wovon nur noch der jüngste Sprössling zu Hause wohnte, und natürlich auch seine Ehefrau. Der älteste Sohn namens John war 35 Jahre alt und wohnte in London. Er hatte wahrscheinlich irgendwelche gesundheitlichen Probleme, da er nie zum Militär einberufen wurde. Er hätte dennoch mit einer anderen Arbeit dem König von England dienen können, was aber keinen etwas angeht. Mir ist auch nicht bekannt, welchen Beruf er hatte.

Der zweite Sohn Hugh war anscheinend ein mutiger, ruhiger Mann und während des Krieges Bomberpilot mit Nerven aus Stahl. Er wurde freiwillig Fernspäher, der die Aufgabe hatte, dem Bom-

Stamford – eine Stadt in der Nähe von Barnack
(aufgenommen während meines Aufenthalts 1989)

berstrom voraus zu fliegen, um das genaue Ziel zu orten und es mit Brandsätzen zu markieren. Damit konnte die Haupttruppe das Ziel identifizieren und in möglichst kurzer Zeit mit Bomben zupflastern, um sich schnell wieder aus dem Staub zu machen. Leider war die Sterberate bei den Fernspähern enorm hoch. Bei einem Flug über Hamburg war er „dran" (die Engländer sagen „copped it") und kehrte nicht zurück. Man sagte mir, es sei unglaublich gewesen, wie cool er unter extremem Druck war.

Der jüngste Sohn heißt Tony und ist wohl noch am Leben. Alles, was mir über ihn bekannt ist: Er war auch bei der Royal Air Force, jedoch nicht als Offizier. Er diente als Luftschütze und wurde bei einem Angriff auf Deutschland verwundet. Ich habe beide übrigens nur ein- oder zweimal im Pfarrhaus gesehen.

Die Nächste in der Reihe war die älteste Tochter Jeanne, die auch nicht zu Hause wohnte, weil sie fürs Studium und zum Heiraten oder wahrscheinlich für beides – und zwar in der angegebenen Reihenfolge – weggezogen war.

Das Pfarrhaus von Barnack, in dem Pfarrer Eric Nesbit und seine Familie wohnten

Nun zur jüngsten Tochter Anne, die anderthalb Jahre lang meine „Vorgesetzte" war. Sie spielte zu dem Zeitpunkt eine wichtige Rolle in meinem Leben und bis heute weiß ich nicht, wie ich das überlebt habe. Sie war ein wirklicher Wildfang und ein wahrer Profi im Unfugmachen – mit endloser Fantasie. Es gab in ihrer Gegenwart keinen einzigen langweiligen Moment. Zusätzlich zu ihrem schönen Schlafzimmer hatte sie ein Spielzimmer voller Puppen, einen Modellbauernhof und viele weitere Dinge, mit denen Mädchen für gewöhnlich spielen. Es gab für sie jedoch lediglich einen Ausgang, der aufs Dach mit seinen vielen verschiedenen Giebeln und flachen Bereichen führte. Auf diesem konnte man ohne gesehen zu werden auf allen Vieren entlang kriechen. Diese Tatsache war von größter Bedeutung, um die zwei Gärtner und andere unschuldige Zuschauer mit Steinen, die wir zuvor an strategisch günstigen Orten gehortet hatten, zu bewerfen. Das war der einzige Grund für uns, dort oben zu sein.

Die Liste der „Aufträge" für mich war lang, aber an zwei erinnere ich mich gut. Ich war nicht immer der Partner, sondern manchmal auch der „Empfänger". An einer Stelle entschied Anne, dass ich Fahrradfahren lernen sollte, oder sie müsse sich alleine beschäftigen, was überhaupt nicht infrage kam. Das Nächste, was geschah, war, dass ich ihr Mädchenfahrrad schob und sie das Fahrrad ihres Bruders, das natürlich eine Querstange besaß. Dann fing die Lektion an, die jedoch nicht gut verlief und nach kurzer Zeit ein abruptes Ende fand, da die Himmel sich öffneten und es wie aus Eimern regnete. Anne beschloss, ihre Lehrerkarriere sei damit zu Ende. Unglücklicherweise meinte sie aber, ich solle weiterlernen. Um dieses sicherzustellen, schloss sie die Haustür von innen ab. Mir sagte sie, ich könne erst reinkommen, wenn ich die Kunst des Fahrradfahrens beherrschen würde. Es erübrigt sich zu sagen, dass der Regen ab diesem Zeitpunkt einen Wettstreiter erhielt. Ich habe bestimmt eine Stunde lang geweint und geflucht. Sie hat jedoch ihre Fähigkeit als Lehrerin bewiesen, denn kurze Zeit später sagte ich ihr durch die geschlossene Tür, dass ich die Kunst jetzt beherrschen würde. Sie hielt sich aber an die Regel „erst sehen, dann glauben". Anne kam heraus, um zu begutachten, wie ich in der Einfahrt herum navigierte. Daraufhin bekam ich meinen „Führerschein".

Eine weitere Eskapade trug sich zu, als ich ins Bett gehen sollte.

Zuerst muss ich aber erklären, wie der Haushalt bei ihnen funktionierte. Die eigentliche Familie vor Ort bestand aus dem Pfarrer, seiner Frau, seiner blinden Mutter und Anne. Zusätzlich wohnte noch eine Schar von Leuten dort; nämlich ein Begleiter für die Mutter, eine Haushälterin, zwei Köche, zwei Vollzeitgärtner und anfangs die zwei jungen Lehrer, die Deutsch sprachen. Die Haushälterin Alice sorgte dafür, dass die junge Generation morgens aufstand und rechtzeitig zur Schule aufbrach, zu essen bekam und abends ins Bett ging. In unseren Augen war sie eine ziemliche Schreckschraube, und je weniger man sagte, umso besser.

Dann ist es wichtig, die Größe des Gebäudes zu verstehen. Es hatte ca. zehn Schlafzimmer, einen Speisesaal, ein großes Wohnzimmer, ein großes Arbeitszimmer für den Pfarrer, zwei Küchen plus Spülküche, einen Spülraum fürs Essgeschirr, drei Speisekammern, etwa vier Badezimmer und noch ein paar Zimmer, deren Funktion ich nie herausfand. Dies alles fast ausschließlich auf zwei Etagen mit vielen Korridoren, die in sämtliche Himmelsrichtungen führten. Noch dazu gab es viele Türen, die offenstanden. Eine dieser Türen eröffnete uns einen tollen Ort, um Verstecken zu spielen.

Anne und ich spielten nicht gegeneinander, sondern wir beide gegen Alice; aus dem einfachen Grund, dass es sieben Uhr abends war und Zeit zum Schlafen. Wir versteckten uns hinter einer der Türen auf dem Korridor und beobachteten Alice, wie sie hin- und herflitzte. Nachdem sie ein paarmal hin- und hergeflitzt war, konnte ich mich nicht mehr beherrschen und fing an zu kichern. Man sollte Alice nicht unterschätzen, sie war für alle Eventualitäten gerüstet. Ich hatte nicht bemerkt, dass sie einen Teewärmer bei sich hatte. Sie schlug mir damit blitzschnell auf den Kopf und hätte mich fast für immer zum Schweigen gebracht. Wir schafften es schließlich doch ins Bett, damit wir eine gute Nachtruhe bekamen und am nächsten Tag dort weitermachen konnten, wo wir aufhören mussten.

In dieser Zeit passierten zwei weitere Highlights. Als Erstes musste ein zweimotoriger Kampfbomber auf einem nahegelegenen Feld bruchlanden. Aufgrund meines bestandenen Fahrradführerscheins konnten wir sofort dorthin, um dieses aus dem Himmel kommende Wunderwerk aus nächster Nähe zu betrachten. Zu unserem Leidwesen war der Polizeiwachtmeister schneller und beschnitt damit die Intensität unserer Untersuchungen vor Ort. Er hatte wahrscheinlich mehr Übung im Fahrradfahren.

Das zweite Highlight war von etwas schauriger Natur. Die deutsche Luftwaffe hatte den Stützpunkt der britischen Air Force, nicht weit vom Dorf entfernt, entdeckt und versuchte, ihn aus der Luft massiv anzugreifen. Unglücklicherweise fielen alle 700 Brandbomben auf das Dorf, und weil die meisten Häuser Reetdächer besaßen, fingen diese schnell Feuer. Es gab im Dorf nur einen Luftschutzbunker und ich erinnere mich, wie ich im Pyjama durch die brennenden Straßen dorthin lief. Ich übertreibe nicht, wenn ich sage, dass es ein furchteinflößender Anblick war; nicht ich im

Hügel und Täler – die Überreste eines Meeres aus der Antike,
das uns als Spielplatz diente

Pyjama, sondern das Feuer. Glücklicherweise landeten die restlichen Bomben anderswo.

Das einzig Erhellende an dem Vorfall war, dass wir an den Tagen darauf etwas zum Einsammeln und Handeln hatten, nämlich die ausgebrannten Seitenflossen der Rumpfteile von Brandbomben. Ein paar Tage lang lief das Geschäft sehr rege.

Eine andere Freude will ich nicht vergessen: Ich nahm am Manöver eines schottischen Regiments teil. Bren-gun carriers (britische Militärfahrzeuge) wurden auf einem Gelände namens „Hills and holes" (Hügel und Täler) hin- und hergefahren. Das Areal hatte früher unter Wasser gestanden und war jetzt eine Art Naturreservat. Natürlich nur, bis die Schotten kamen. Und versteht mich nicht falsch: Ich war nur Passagier, kein Besatzungsmitglied.

Irgendwann in den frühen 1940er-Jahren zog ich zu Familie Lishak und wohnte bei ihnen. Sie hatten englische Wurzeln und meine Reise von Deutschland ins Vereinigte Königreich gesponsert. Jedoch begannen die Deutschen einige Zeit nach meiner Rückkehr nach London, die Hafenanlagen zu bombardieren, und kurze Zeit später zielten sie auf ganz London. Der „Blitz" hatte begonnen.

Am Anfang schleppten wir uns bei jedem Ertönen der Sirenen in die Keller, die als Schutz verstärkt worden waren. Zu diesem Zeitpunkt verließ Familie Lishak London und ich kehrte zu meiner eigenen Familie, die ein paar Häuserblocks entfernt wohnte, zurück. Während ich bei meinen Verwandten untergebracht war, kamen die Bomben immer näher und der Lärm nahm um viele Dezibel zu.

Dann warf die Luftwaffe eine große Luftmine ab, die ein riesiges Gebiet zerstörte und unser Hausdach samt den oberen Mauern zum Sieb machte. Ein Nebeneffekt war, dass wir bei Regen nicht so viel kochen konnten, weil alle Töpfe und Schüsseln in der Wohnung verteilt waren, um das durchs Dach tropfende Wasser aufzufangen.

Als weitere „positive" Seite gab es keine Schule. Es dauerte nicht lange, bis ich wegen dieser Art zu leben trotz der positiven Aspekte das Handtuch schmiss und Pfarrer Nesbitt einen Brief schrieb mit der Bitte, zu ihm zurückkehren zu dürfen. Ich nehme an, dass ich Anne und all die Eskapaden vermisste. Der Sohn der Leute, bei denen ich wohnte, konnte ihr in keiner Weise das Wasser reichen.

Obwohl wir uns gemeinsam im Pfarrhaus aufhielten, kann ich mich an keine aufregenden Erlebnisse aus dieser Zeit erinnern.

Bis 1943 hatten die Stürme des Krieges ihre Richtung geändert, so tat ich das Gleiche. Die kanadische Armee machte sich bereit, in der Normandie zu landen. Ich muss ihre Pläne durcheinander gebracht haben, als sie dabei waren, das Pfarrhaus in Beschlag zu nehmen. Pfarrer Nesbit sollte in kleinere Räume umziehen und ich in eine noch viel kleinere Behausung. Ich denke, die Kanadier haben langfristig richtig entschieden, denn sie brauchten ein abgeschiedenes Haus mit großem Grundstück und hoher Mauer drumherum. So hätten sie keine bessere Wahl treffen können, und ich stand natürlich keineswegs hoch oben auf ihrer Prioritätenliste.

Das Problem war, dass ich das einzige jüdische Kind im Dorf war, so jedenfalls dachte ich. Wo sollte ich also hin? Das Glück wollte es aber, dass es, als die Schule nach Barnack evakuiert wurde, unter den Lehrern einen jüdischen Physiklehrer gab. Er nahm mich bei sich auf und ich merkte schnell, dass meine täglichen Routinen stark gelitten hatten. Er war tief religiös. Nicht dass dies ein Fehler gewesen wäre, aber nachdem ich in den vorhergehenden drei Jahren fleißig die Kirche besucht hatte, war es ein ziemlicher Schock, plötzlich am Sabbat weder zeichnen noch reisen noch das Licht einschalten zu dürfen. Insbesondere, weil es gar keine Eingewöhnungsphase gab. Es passierte von jetzt auf gleich.

Nachdem ich mich an die veränderte Lage gewöhnt hatte, verlief alles glatt. Das Andere, woran ich mich gewöhnen musste, war, dass sich die Annehmlichkeiten im Haus drastisch verschlechtert hatten. Es gab z.B. keine Toilette, auf der man im Warmen saß. Stattdessen gab es eine Außentoilette mit Eimer. Ich kann mich nicht erinnern, wo sich die Dusche samt fließend kaltem Wasser befand. Dieses war bei Weitem nicht in allen Häusern so. Davor lebte ich in einem neueren Haus, das sogar mit elektrischem Strom ausgestattet war, was bei vielen Häusern fehlte. Manche mussten mit zwei Bügeleisen bügeln. Eins war in Gebrauch und eins wurde auf der Feuerstelle aufgeheizt.

Mit anderen Worten: Ich war von einer Fünf-Sterne- Unterkunft auf einen halben Stern zurückgefallen.

In dieser Zeit ging ich ziemlich regelmäßig zur Schule. Die Kinder aus dem Ort wechselten sich täglich mit den Kindern aus London ab. Wir spielten wilde Spiele auf dem Schulhof und hatten große Freude daran, die Pferdeschwänze der Mädchen in der Reihe vor uns in unsere Tintenfässer zu tauchen. Das muss ich erklären:

Es gab zu der Zeit keine Kugelschreiber, sondern lediglich eine schöne blaue Flüssigkeit, die herrliche Flecken verursachte. Zweitens war das Tintenfass ins Schulpult eingelassen, um beim Eintauchen des Schreibers nicht umzukippen. Es war aber total einfach, die Spitze eines Pferdeschwanzes einzutauchen. Da fünf Jungs in einer Bank saßen, konnten wir uns gegenseitig decken. Die Art und Weise, wie die Klassen organisiert waren, kam als hilfreicher Faktor dazu. Es gab vier Lehrkräfte und acht Klassen, die sich alle in einer langen

Meine Grundschule zu der Zeit, als ich in Barnack lebte

Halle befanden. Somit konnten die Intelligentesten die Lektionen der anderen Lehrer mitlernen. Es gab dabei nur einen Haken: Wir durften uns von unserer eigenen Lehrkraft nicht erwischen lassen.

Eine weitere Beschäftigung war, ca. eine Meile aus dem Dorf an den Welland-Fluss zu radeln und dort schwimmen zu gehen. Was ich nicht mehr weiß, ist erstens, wessen Fahrrad ich fuhr, zweitens, ob der Sohn des Lehrers dabei war, und drittens, was für Badebekleidung wir anhatten. Jedenfalls hatten wir eine tolle Zeit zusammen. Es gab auch „kulturelle" Aktivitäten. Dafür mussten wir jedoch unsere Gesichter waschen, Haare kämmen und uns adrett anziehen. Zu solchen Anlässen fuhren wir meistens in die Stadt, setzten uns in ein Teehaus, tranken Tee und versuchten, uns gut zu benehmen, während die Erwachsenen über uns gänzlich unbekannte Themen „quatschten". Später in den USA stellte ich fest, dass ich Tom Sawyer noch einiges hätte beibringen können.

Plötzlich änderte sich die Richtung meines Lebens erneut und ich kam wieder in den Londoner Raum. Mein „Beschützer", der Physiklehrer Mr. Alexander, wurde dorthin zu einem Trainingscamp der Marine gerufen. Er sollte die Radartechnik in die Köpfe junger

Matrosen infiltrieren. Dieses würde ich übrigens neun Jahre später bei der israelischen Marine auch lernen. Die Theorie und die Aufmerksamkeit der Studenten war bei beiden Gruppen nahezu gleich.

Unser Stopp war in der St. Andrews Road 45, Coulsdon, Surrey. Dort lebten wir in einem normalen Haus mit schönem Garten samt Rasen. Um mein Leben interessanter zu machen, verlief genau am Ende unseres Gartens die Eisenbahn. Allmählich veränderte sich mein Status. Ich weiß nicht, wie alles anfing, aber z.B. war es jetzt meine Aufgabe, sonntagmorgens als Erster aufzustehen und das Frühstück vorzubereiten. Zu dieser Mahlzeit gab es Sachen, die in der Woche nicht auf den Teller kamen, wie gegrillte Heringe.

Eine andere Aufgabe war, Fisch für unsere Hauptmahlzeit einzukaufen, was sich einfach anhört. Es war jedoch Kriegszeit und man wusste nie, wie viel Fisch an die Geschäfte geliefert werden würde. Selbstverständlich stand die Warteschlange längst, bevor die Lieferfahrzeuge kamen. Und zu allem Überfluss schienen die Deutschen auch „ihren Fisch" dort zu holen. Sie kamen um die Mittagszeit, wenn ich gerade Schulschluss hatte, in der Schlange stand und wartete. Da wir alle keine Wahl hatten, blieben wir stehen und hofften das Beste. Das hieß, dass nicht sicher war, ob es, bis ich drankam, noch etwas geben würde, um es nach Hause mitzunehmen und dort zu essen. Denn die Deutschen hatten keinerlei Hemmungen, über die Fischerboote herzufallen. Im Großen und Ganzen fühlte ich mich bei Familie Alexander nicht sehr wohl.

Ich bin zweimal von zu Hause abgehauen. Als aber die Dunkelheit anbrach und ich ein großes Loch im Bauch verspürte, kehrte ich reumütig zurück. Ich glaube, es wurmte mich, dass ihr Sohn als „Genius" verwöhnt wurde und nie mit anfassen musste. Aber man darf nicht vergessen, dass er ihr Sohn war und nicht ich.

Ich kann ich mich nicht daran erinnern, dass ich noch einmal mit ihnen Kontakt hatte, nachdem ich dort weggezogen war.

Eines der positivsten Dinge war, regelmäßig zur Schule zu gehen und mit meinen Schulkameraden zu spielen. Ich füge hinzu, dass der Alltag dort viel ruhiger verlief, aber ich vermisste Anne sehr.

Ein ernstes Vorkommnis dieser Zeit war die Adoption eines Minenräumers der Royal Dutch Free Navy (Königlich Holländische Marine). Das bedeutete, dass wir Wollmützen, Schals, Spielesammlungen und allen möglichen Kram sammelten, von dem wir glaubten, die Matrosen könnten ihn brauchen. Eines Tages kam ein Matrose in unsere Schule und präsentierte uns ein Modell ihres Bootes in einem Glaskasten. Bei dieser Aktion sollte ich eine Hauptrolle spielen. Da ich aus Deutschland kam, der deutschen Sprache mächtig sein und diese dem Holländischen ähneln sollte, wurde ich zum offiziellen Übersetzer berufen. Natürlich erwiesen sich beide Vermutungen als falsch. Wir schafften es dennoch irgendwie, miteinander zu kommunizieren. Die ganze Zeremonie wurde auf einem Foto festgehalten, wovon ich als eine der Hauptpersonen eine Kopie bekam. Das spielte, als ich die Schule ca. 50 Jahre später besuchte, eine goße Rolle. Aber die Geschichte gehört in ein späteres Kapitel.

Zu der Zeit schrieb ich einige Briefe an meine Verwandten; nämlich an meine Tante Judith mit Familie in Australien. Ich war ja schon älter und hatte wahrscheinlich das Bedürfnis, den Menschen, die mir von unserer Familie geblieben waren, näher zu sein.

Jedenfalls habe ich es geschafft, einen dieser Brief, die ich damals nach Australien schrieb, wiederzubekommen. Es handelt sich natürlich nicht um eine literarische Glanzleistung, aber um einen persönlichen Brief. Natürlich war nicht alles Geschriebene zur Veröffentlichung bestimmt und sollte als Wert an sich betrachtet werden.

Im Juni 1944 landeten die Alliierten auf dem europäischen Festland und jeder dachte, der Krieg wäre bald zu Ende, was allerdings eine Illusion war. Diese Situation ließ mich, aus der Sicht der Bombardierten, etwas mehr über die Bombardierung aus der Luft in Erfahrung bringen. Zum Ende des Jahres 1944 hatten die Deutschen ihre kleinen unbemannten Lenkflugkörper mit Sprengkopf im vorderen Teil und Überschallgeschwindigkeit – die V 1 – entwickelt. Umgangssprachlich wurde sie wegen des charakteristisch knatternden Geräusches des Antriebs als *Doodlebug* oder *Buzz bomb* bezeichnet.

Die Kirche von Barnack, gebaut im 12. Jahrhundert

Dieses Stück deutscher Genialität war nicht das Furchtbarste, was es geben kann an Waffen, weil man es rechtzeitig sehen und sicher sein konnte, dass nichts passieren würde, bevor der Motor abgeschaltet wurde und es in den Sinkflug ging. Natürlich konnte man die Einschlagstelle vermuten. Es war aber ohne Zweifel besser, sich an einem geschützten Ort aufzuhalten und anderen Leuten das Schätzen zu überlassen. Diese verdammten Dinger konnten zu jeder Tages- und Nachtzeit auftauchen und waren in erster Linie ein Ärgernis, außer man hielt sich gerade an der anvisierten Stelle auf.

Ich nehme an, Familie Alexander hatte beschlossen, es würde jetzt reichen, und zog ohne Mr. Alexander zu seinen Verwandten nach Manchester, um dort zu leben. Auch an dieser Stelle verschlechterten sich meine Lebensumstände, da die Familie zu den Geringverdienern der Gesellschaft gehörte. Ich lebte bei einem Teil der Familie und Mrs. Alexander lebte zusammen mit ihrem Sohn an einem anderen, etwas moderneren Ort.

Nach ca. acht Wochen muss sich die Lage beruhigt haben, da wir nach London zurückkehrten. Erwähnt sei noch, dass ich während unseres Aufenthalts in Manchester eine der ausgedehnten Houdini-Kunststücke kopierte und für fast einen ganzen Tag verschwunden war. Aber lasst uns nach London zurückkehren, wo sich die Dinge wieder den Umständen entsprechend zur Normalität zurückentwickelten.

Dieser Zustand dauerte aber nicht lange an und ich hatte mich an die Tatsache gewöhnt, dass nichts auf Dauer normal bleibt. Es könnte aber auch sein, dass meine Interpretation von „normal" nicht normal ist. Auf jeden Fall hielt das Naziregime Ende Februar eine neue Überraschung für uns bereit, nämlich die V 2. Damit waren wir blitzschnell im Weltraumzeitalter angekommen. Wir hatten buchstäblich mit großem Knall das Zeitalter der Raketen erreicht. Das ist vielleicht ein wenig dramatisch ausgedrückt, aber der Knall war nicht weit von uns entfernt. Flugbomben hagelten auf London und man konnte nichts dagegen unternehmen. Sie flogen Überschallgeschwindigkeit und man konnte sie im Flug nicht orten. Sie waren erst beim Aufprall zu hören. Daher die Redewendung: „You didn't know what hit you" (du wusstest nicht, was dir geschah/auf dich einschlug). Meine ganz persönliche Erfahrung bestand darin, simultan zur Explosion vom Hühnerstall auf den Kohlenturm geschleudert zu werden. Klar, sie befanden sich beide auf unserem Hof und ich bin auf dem Flug mit keinem anderen Gegenstand zusammengestoßen, aber es war keine angenehme Erfahrung. Ich vermute, es war auch für die anderen Bewohner des Hauses eine unangenehme Überraschung, denn an Ort und Stelle beschlossen sie, aus der Region wegzuziehen.

Dieses Mal ging es nach Bournemouth, einem Sommer-Kurort an Englands Südküste. Es war zufällig der Ort, wo Mr. Alexanders Familie wohnte. Wie es dort genau aussah, weiß ich nicht im Detail, aber es war insgesamt eine viel schickere Stadt und dementsprechend verbesserten sich unsere Lebensbedingungen um zwei bis drei Sterne. Hier bekamen wir den Anruf aus London, dass ich jederzeit bereit sein sollte, in die USA aufzubrechen. Ich wusste bereits, dass mein Onkel zwei Jahre zuvor meine Übersiedlung zu ihm beantragt hatte. Die Priorität, während des Krieges eine Koje auf einem transatlantischen Schiff für mich zu bekommen, war ziemlich gering. Ich besaß nicht einmal den Status „privat" bei irgendeiner alliierten Armee, deshalb hatte ich bis zu dem dramatischen Anruf nicht viel über das Thema nachgedacht. Wir fuhren in ein Büro nach London, um dort Bescheid zu geben, dass wir jetzt in Bournemouth wären und der größte Teil meiner irdischen Besitztümer in Coulsdon. Nicht, dass es viele Sachen waren, aber ich konnte einfach nicht meine Granatsplitter-Sammlung zurücklassen, für die ich fast drei Jahre gebraucht hatte. Darunter gab es einige wertvolle Exemplare mit leserlichen Seriennummern und auf anderen waren Gewindegänge erkennbar; insgesamt lediglich ein paar Kilo. Zu dem Zeitpunkt war ich ja erst 13 und einen Keks, und da ich auf der Empfängerseite der Wurfgeschosse gewesen war, hatten sie für mich eine besondere Bedeutung.

Jedenfalls erklärten wir den Zuständigen, wir würden einen ganzen Tag brauchen, allein um nach Coulsdon zu fahren, und baten

Zusammen mit meinem Adoptivbruder Eric Alexander (rechts), England 1943

Zusammen mit Eric Alexander (links) und seinem Cousin

deshalb um mehr Zeit für unsere Erledigungen. Diesen Wunsch lehnten sie ab. Es wurde uns jedoch versprochen, uns zu informieren, wenn der Termin näherrücken würde. Anschließend setzten wir unsere Reise von London nach Coulsdon fort, trafen nötige Vorbe-

Smithmann Central-School, meine weiterführende Schule, während ich in Coulsdon lebte

reitungen und kehrten nach Bournemouth zurück. Diese strenge Geheimhaltung der Abreisedaten und -häfen rührt daher, dass die Deutschen bis zum allerletzten Tag des Krieges viele U-Boote im Atlantischen Ozean besaßen.

Dennoch bekamen wir auf der Fahrt einen sehr kurzfristigen Anruf. Näheres erzähle ich später. Jedenfalls wurde uns am nächsten oder übernächsten Montag gesagt, wir sollten uns bereithalten, und das tat ich, so gut es ging. Wir beschränkten uns bei der Wäsche auf ein Minimum, da es während des Krieges keine Waschmaschinen oder Trockner in England gab.

Glücklicherweise war die Zeit der Ungewissheit kurz. Am darauffolgenden Donnerstag bekamen wir bereits ein Telegramm mit der Aufforderung, mich noch am selben Abend um 23 Uhr an einem Londoner Bahnhof mit meinem Gepäck zu melden.

Die Nachricht kam schon am frühen Morgen. Damit hatte ich ein Maximum an Zeit, um alle notwendigen Dinge bis 23 Uhr zu erledigen. Wir eilten los, um den Zug nach London und anschließend nach Coulsdon zu bekommen. Wir hatten Glück, dass der Bahnhof nicht weit entfernt von unserem Haus war. Wie gesagt, die Schienen verliefen am Ende unseres Gartens. Eilig packte ich meine Sachen einschließlich Granatsplitter und Gasmaske und brach noch einmal nach London auf. Mr. Alexander persönlich hat mich bei dem ganzen Gehetze begleitet. Wir waren jedenfalls bis zum späten Nachmittag wieder in London und machten uns auf den Weg zu Mr. und Mrs. Neustadt, die Verwandten, die mich sechs Jahre zuvor in England willkommen geheißen hatten.

Natürlich war ich um 23 Uhr abends am richtigen Bahnhof. Es wurde mir für die Dauer der Reise eine Schutzperson zugeordnet, dann bestiegen wir den Zug. Bis zum nächsten Morgen waren wir im Hafen von Greenock, nur ein paar Meilen nördlich von Glasgow, angekommen. Kurze Zeit darauf bestiegen wir einen kleinen Frachter und legten ab. Ich fand es merkwürdig, dass wir uns in der Bucht in westlicher Richtung bewegten und man uns nicht in unsere Kabinen führte. Wir würden doch nicht als Fracht an Deck die Fahrt verbringen?

Während ich darüber nachdachte, fuhren wir zu einer großen Tür in einer riesigen Mauer und gingen hinein. Der Bereich vor der Tür war abgeschirmt gewesen, so hatte ich nicht viel erkennen können.

Jetzt waren wir auf der SS Aquitania, einst das größte seetüchtige Schiff und Flaggschiff der Britischen Handelsmarine. Damit endete die englische Episode meines Lebens.

Bevor ich fortfahre, ist es angemessen, diese Periode zusammenzufassen und einigen Menschen gerecht zu werden, die ich in schattigem Licht habe erscheinen lassen. Alles in allem ist es mir gut ergangen. In der Zeit bei den Familien Neustadt und Lishack wurde ich wie ein richtiges Familienmitglied behandelt.

In Barnack beim Pfarrer bzw. bei Anne verbrachte ich eine der schönsten Zeiten meines Lebens. Es fehlten zwar die mütterliche

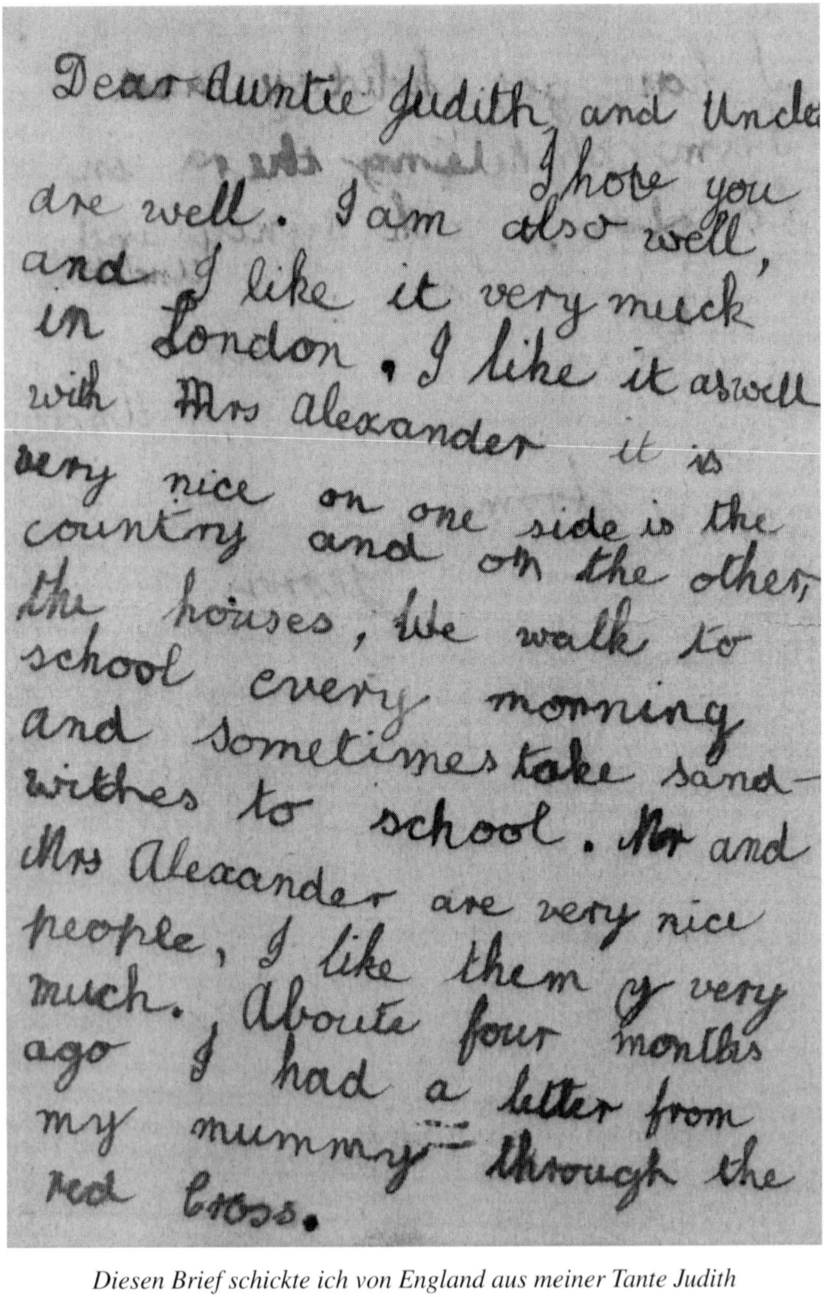

Dear Auntie Judith, and Uncle
are well. I am also well,
and I like it very much
in London. I like it aswell
with Mrs Alexander it is
very nice on one side is the
country and on the other,
the houses, We walk to
school every morning
and sometimes take sand-
wiches to school. Mr and
Mrs Alexander are very nice
people, I like them very
much. About four months
ago I had a letter from
my mummy through the
red cross.

Diesen Brief schickte ich von England aus meiner Tante Judith
und ihrem Ehemann in Australien

74

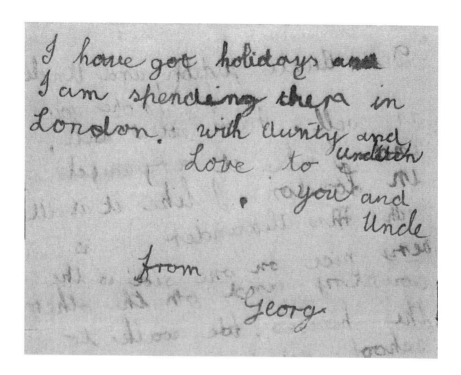

I have got holidays and
I am spending them in
London. with aunty and
Love to uncle
you and
Uncle

from
Georg

Wärme, die Umarmungen und Küsse, auf der anderen Seite genoss ich die gleichen Privilegien und Verpflichtungen wie Anne; nicht mehr und nicht weniger. Sie sorgte dafür, dass jeder Tag anders war, ohne langweilige Routine.

Was Familie Alexander angeht, handelt es sich um eine individuelle Angelegenheit. Mr. Alexander war immer geduldig und schenkte mir viel Zeit, einschließlich der Vorbereitung auf meine Bar Mitzvah, was keine schlechte Leistung seinerseits war. Sie können sich wahrscheinlich denken, dass ich kein Enrico Caruso und meine linguistische Begabung keineswegs perfekt war. Ihren Sohn Eric betreffend – ich habe nicht viel mit ihm gespielt, weil er der Genius seiner Mutter war und verhätschelt werden musste, um gesund zu bleiben. Dadurch musste ich alle Arbeiten erledigen, bei denen er entschuldigt war. Das machte ihn natürlich nicht gerade beliebt bei mir und meistens hatte er bei Auseinandersetzungen die Rückendeckung seiner Mutter. So ist es im Leben und die Alterna-

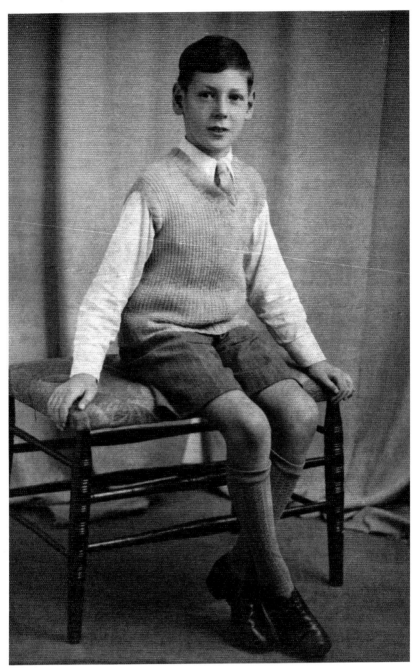

In der Pose eines englischen Gentlemans

tive dazu war wenig verlockend. Mrs. Alexander war jedoch etwas ganz anderes. Sie konnte sich dermaßen aufregen und einige Male rutsche ihr noch dazu die Hand aus. Dieses Verhalten wurde bestimmt dadurch beeinflusst, dass sie aus einer ziemlich wohlhabenden Familie stammte und meistens das, was sie wollte, bekam.

Ich schulde auch Menschen großen Dank, die ich nie gesehen habe und nie sehen werde. Dazu gehören die Sozialarbeiter, die mich nie aus den Augen ließen und immer dafür sorgten, dass ich genügend zum Anziehen hatte, und alle Vorbereitungen für meine Bar Mitzvah trafen. Das betraf ein Tefillin, ein Gebetbuch, und vieles andere, woran ich mich nicht mehr erinnern kann oder wovon ich nicht einmal etwas weiß.

Und wieder einmal stelle ich fest, dass ich eigentlich eine ziemlich glückliche Kindheit hatte. Vielleicht ist es der Tatsache geschuldet, dass ich erst in späteren Jahren, als ich meine eigene Familie hatte, wahrnahm, was mir alles gefehlt hat.

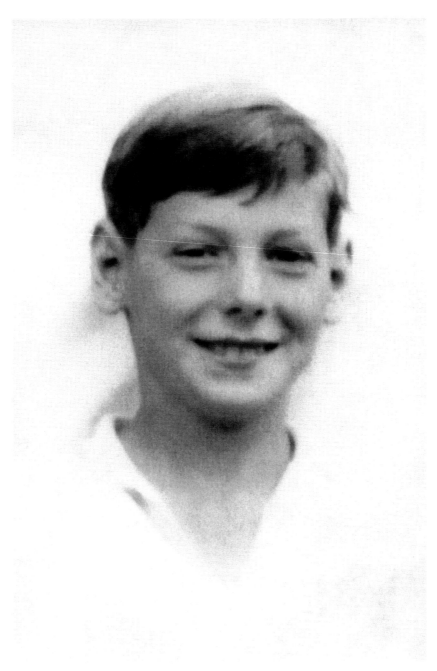

Noch sehr jung, aber nicht mehr ganz und gar naiv

No. ~~1863~~ 1863		NAME Spiegelglas, Georg
No. of H.O. Permit 8827		
Date of Birth 29.11.31	Religion J	Name and address of Parents
Date of arrival in England 26.7.39	Camp	

Date left Camp

English addresses

(1)

(2)

(3)

Weekly amount (if any) paid to foster parents

Responsible Area Committee

—2—

26...44	Information from National Refugee Service, New York. Visa application is being serviced by the National Council of Jewish Women. Mr. Alexander Benedik, of West Orange, New Jersey, has given his unrestricted consent for the journey.
6.10.44	To Mrs. Alexander asking for Georg's present address.
7.10.44	From Mr. J. Alexander that Mrs. Alexander has returned to her home at 45, St. Andrews Road, Coulsdon, Surrey, and taken Georg with her.
31.10.44. VDZ/AJ.	From Mr. S. S. Alexander, informing that Georg is Barmitzvah on December 9th in the Walford Road Synagogue, N. London. Asks if we have any record of Georg's Hebrew name and if we have any tefillin for him, otherwise he will buy same.
3.11.44. VDZ/AJ.	To Mr. Alexander, suggesting boy is called Gershon Ben Alexander and will let him know in few days about tefillin.
13.11.44. VDZ/AJ.	To Mr. Alexander, informing him that tefillin will be sent direct by J.R.C. and to let Dr. von der Zyl know if there is anything else he can do in this connection. To Dr. Gottlieb.
13.11.44.	From Dr. Gottlieb, saying he is sending a Tephillin to the boy.
22.11.44 VDZ/FN	From Mr. Alxdr. acknowledging tephillin. Barmitzvah letter boy.
1.1.45	To Am. Cttee.: Asking for sworn statement from uncle as we have no birth cert. for boy.
3.1.45. VDZ/Si.	To Mr. Alexander thanking for his detailed report about Barmitzvah celebration; as he has received Book of "Jewish Thoughts" twice, would boy like to exchange it against another book.
10.1.45 MM/LB.	From Mr. Alexander: Encl. letter from Am. Cons. of 8.1.: Report received. Appointment at Am. Cons. on 20.1. at 11.30.
12.1.45 MM/LB.	To Mr. Alexander: Encl. u. pl. for... for H.O. asking for 5 photos.
31.1.45. VDZ/MH	To Nat. Council of Jewish Women: Asking for sworn statement by uncle. From Mr. Alexander saying no need to exchange books as boy received copy of Jewish Festivals from Joint Emergency Committee. The boy is continuing with Hebrew classes.
9.1.45	*Mr. Woyda to visit r.M.*

Ein Bericht des britischen Sozialarbeiters, der die Nachforschungen meines Onkels zu meiner Person dokumentiert

Auf ins Land

der unbegrenzten Möglichkeiten

Jetzt zurück zur SS Aquitania. Als Erstes gingen wir zu den uns zugeteilten Kabinen und schauten uns um. Wir waren in ehemaligen Luxus-Suiten untergebracht, die für den Krieg neu ausgestattet worden waren. Eigentlich war jede Kabine für zwei Personen gedacht. Bei uns war stattdessen ein Vielfaches von zwei Personen, nämlich jeweils fünfeinhalb mal zwei Leute untergebracht. Zu jeder Kabine gehörte ein schönes Badezimmer mit einer Badewanne. Ich erinnere mich jedoch nicht, diese jemals benutzt zu haben, und weiß tatsächlich nicht den Grund dafür. War es wegen der Sicherheit oder weil mir niemand erklärt hat, wie ich es machen sollte?

Mein Betreuer für die Fahrt war in einer anderen Kabine untergebracht. Es handelte sich nämlich nicht um einen Betreuer, sondern um eine Betreuerin. Ich habe sie nur einmal während der ganzen zehntägigen Fahrt gesehen. Um ehrlich zu sein, ist es schwer zu beurteilen, wer es besser getroffen hatte.

Ich fand es toll, dass wir 6.000 kanadische Offiziere und Matrosen an Bord hatten, die ihren Einsatz in Europa beendet hatten.

Wir hatten auch 600 verwundete amerikanische Soldaten bei uns. Lediglich 200 der Passagiere auf dem Schiff waren Zivilisten.

Ein britischer Zerstörer

Am nächsten Morgen stach das Schiff begleitet von zwei Zerstörern der Königlichen Marine in See. Diese begleiteten uns 24 Stunden lang und drehten dann um, da wir auf offener See jedem U-Boot davonfahren konnten. Zusätzlich war das Schiff mit zwei Sechs-Zoll-Geschützen achteraus und etwa 20 oder 30 kleineren Kanonen von ca. 20 bis 75 Millimetern ausgestattet. Die Sache war, dass die Deutschen Mangel an Treibstoff und sich deshalb in einem Halbkreis außerhalb der Häfen beidseits des Atlantischen Ozeans versammelt hatten. Dadurch hatten sie den mittleren Teil des Atlantiks mehr oder weniger ohne Boote gelassen.

Unsere Eskorte hatte Glück, dass sie umgedreht war, denn die Zerstörer hatten jeweils ein Deplacement von nur 2.000 Tonnen. Und in dem Moment, als wir das Land verlassen hatten, schlug ein nordatlantischer Sturm mit Wellen bis 15 Meter auf uns ein. Für diejenigen, die in Inches messen, bedeutet das fast 45 Fuß. Sogar unser Schiff mit seinen 46.000 t schwankte wie ein Korken hin und her. Die meisten Leute an Bord hatten sich entweder hingelegt oder fütterten die Fische. Es war merkwürdig, aber mir ging es, was den Bauch angeht, ganz gut. Die Schwierigkeit bestand darin, sich seinen Weg an Deck zu bahnen. Nachts beruhigte sich der Sturm und wir schaukelten auf sanftere Art und Weise hin und her, wodurch die meisten Passagiere die Überfahrt wieder genießen konnten.

Ungefähr zu diesem Zeitpunkt bekamen wir eine Kiste, ungefähr so groß wie ein Schuhkarton, gefüllt mit vielen verschiedenen Sorten Süßigkeiten und einer großen Menge Zigaretten. Hierbei handelte es sich um die Ration der Soldaten für die gesamte Überfahrt. Da wir Zivilisten auch unter militärischem Recht reisten, bekamen wir genau die gleiche Ration zugeteilt. Zusätzlich erhielt jeder einen Umschlag mit 40 Dollar. Dieser Betrag war für das Jahr 1945 höllisch viel Geld. Ich weiß nicht mehr, wie alles begann, aber irgendwie lernte ich einige Soldaten kennen, und als sie mitbekamen, dass ich alleine reiste, nahmen sie mich unter ihre Fittiche. Ich verkaufte ihnen meine Zigaretten und besserte damit meine Ersparnisse auf. Ab und zu wurde, nur für Matrosen, ein Kinofilm gezeigt. Ich wurde hineingeschmuggelt und unter den Militärmänteln der Soldaten versteckt. Insgesamt verbrachte ich viel Zeit mit diesen Kerlen. Ich machte auch Bekanntschaft mit den Soldaten der höheren Ränge, d.h. mit einigen Offizieren. Sie lebten in viel luxuriöseren Verhältnissen auf dem Schiff, wo sich auch die Lounge der 1. Klasse befand. Dort durfte ich Karten spielen. Eines Abends, als wir auf Halifax zusteuerten, war ich inmitten eines dieser Kartenspiele, als die Hölle losbrach. Anscheinend waren wir von einigen deutschen U-Booten angegriffen worden, während die neue Eskorte, die kurze Zeit vorher zu uns gestoßen war, die Deutschen mit Unterwasserbomben zupflasterten. Ich dachte, endlich ein bisschen Action. Da wir Nichtkombattanten waren, war unser „Kriegsschauplatz" in unserer Kabine, wo die Sicht gleich null war und man nur den Krach draußen hören konnte, ohne zu wissen, was vor sich ging. Ich traf schnell die Entscheidung, bei den Offizieren zu bleiben. Meine Kabinen-Mitkumpanen meldeten, weiß Gott wer, dass ich vermisst würde und vielleicht über Bord gefallen wäre. Sofort kam eine Ansage über den Lautsprecher mit der Aufforderung: „Mr. George Spiegelglas soll unverzüglich in seine Kabine zurückkehren!"

Da ich den Spaß nicht verpassen wollte, blieb ich bei meinen Offiziersfreunden in der Lounge; aber sie konnten mir nicht viel helfen, als plötzlich zwei riesige MPs zu mir kamen, mich bei den Ohren fassten und ich mich auf einmal in meiner Kabine wiederfand. Als ich am nächsten Morgen die Kabine wieder verließ, machte ich einen morgendlichen Rundgang, um zu inspizieren, was sich alles verändert hatte. Als Erstes fiel mir auf, dass sich die Anzahl der Zerstörer um uns verdreifacht hatte und über unsere Köpfe etliche Flugzeuge kreisten, um die ganze Umgebung zu erkunden. Ansonsten war alles ruhig. Ich habe nie erfahren, wie das Endergebnis des Kartenspiels ausfiel.

Am nächsten Morgen fand ich heraus, dass wir schon in Halifax, Kanada, angekommen waren und an der Anlegestelle festgemacht waren. Es dauerte allerdings noch drei Tage, bis wir einfachen Passagiere von Bord gingen. Zuerst kam ein Zug des Roten Kreuzes direkt zum Schiff, um alle verwundeten Soldaten in amerikanische Krankenhäuser zu evakuieren. Sie erinnern sich, dass es sich beim gesamten Personal um Amerikaner handelte.

Es war noch früh am Morgen, aber bei so viel Aktivität war ich schon auf und putzmunter. Plötzlich ging der Lautsprecher an und es wurden freiwillige Krankenträger gesucht. Da ich vor vier Monaten mein Bar Mitzvah gefeiert hatte und damit in den Erwachsenenstatus aufgestiegen war, ging ich hin und meldete mich. Vor mir stand ein stattlicher Sergeant Major und sagte: „Sohn, was machst du hier?" Woraufhin ich natürlich meine Anwesenheit erklärte. Anscheinend hatte ich ihn nicht überzeugt, denn er winkte mit der Hand und antwortete: „Sohn, tu mir einen Gefallen und geh mir aus dem Weg." Ich muss nicht betonen, dass sein Ton mich überzeugt hat.

Als Nächstes gingen die 6.000 Kanadier an Land.

Wir waren am dritten Tag an der Reihe. Wenn Sie noch nie an einem Ihnen unbekannten Ort auf einem bereits angelegten Schiff waren, das Sie nicht verlassen dürfen, wissen Sie nicht, was das Wort „Tortur" bedeutet.

Endlich berührten meine Füße festen Boden und ich machte mich sofort auf, mein Gepäck zu holen. Man muss bedenken, dass damals Krieg herrschte. Es gab keinen Empfangsbereich und kein Gepäckband, sondern jeder wühlte in einem Berg Gepäckstücke herum, um fündig zu werden.

Um eine lange Geschichte zu verkürzen: Wir bestiegen einen Zug nach Montreal und erreichten das Ziel um ca. zwei Uhr nachmittags. Wir passierten Quebec, wo wir aber nicht aussteigen konnten.

Als wir Montreal erreicht hatten, merkte ich, dass ich inzwischen eine Berühmtheit geworden war. Ich wurde von einigen Journalisten und Fotografen der Zeitungen „Montreal Sun", „Montreal Star" oder irgendeines anderen Himmelskörpers herausgepickt und mit dem Rucksack auf dem Rücken sowie einem Koffer in der Hand interviewt und fotografiert. Anscheinend war die Tatsache, dass ein 13-jähriger Flüchtling im Krieg reiste und auf sich selbst gestellt

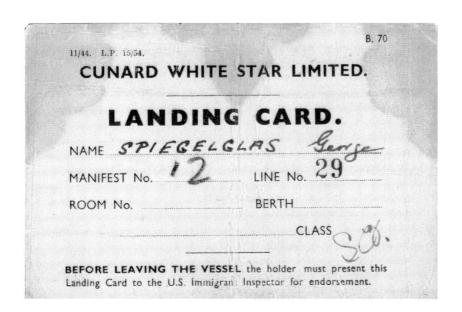

11/44. L.P. 15/54.

B. 70

CUNARD WHITE STAR LIMITED.

LANDING CARD.

NAME *SPIEGELGLAS* George

MANIFEST No. 12   LINE No. 29

ROOM No.   BERTH

CLASS

BEFORE LEAVING THE VESSEL the holder must present this Landing Card to the U.S. Immigran Inspector for endorsement.

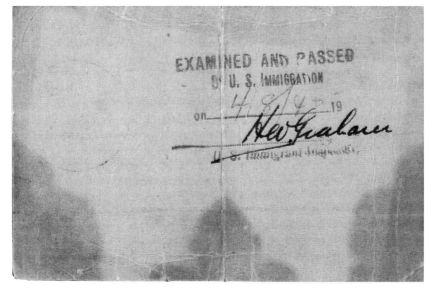

EXAMINED AND PASSED
BY U. S. IMMIGRATION
on   19

Beide Seiten meiner amerikanischen Landekarte

war, eine Geschichte wert. Schade, dass ich in dem Moment nicht schlau genug war, nach einer Kopie zu fragen. Dazu kommt noch, dass ich wichtigere Dinge im Kopf hatte, nämlich zu überlegen, was ich mit all dem Geld, das ich beim Zigarettenverkauf eingenommen hatte, anfangen sollte. Als das Interview zu Ende war und ich gehen durfte, wurde mir gesagt, dass ich um 20 Uhr am Bahnhof zurück sein sollte.

Stellen Sie sich vor, dass es dort Geschäfte gab, vollgefüllt mit Ananas, Bananen, Orangen und vielen anderen Sorten exotischer Früchte. Diese hatte ich bis dahin lediglich auf Bildern gesehen.

Um die Situation noch grausamer zu machen, besaßen fast alle Läden eine Eisdiele direkt nebenan. Diese Tatsache ersparte mir viel Zeit, aber ich versäumte aufzupassen, wovon und wie viel ich aß. Doch ich schaffte es, pünktlich zurück zu sein, um den Nachtzug nach New York zu erreichen. Eines ist sicher: Ich bekam nicht mit, wo und mit wem ich hätte zusammensitzen sollen, da ich während der Fahrt einen Dauersitzplatz auf der Toilette in Anspruch nahm.

Bis zum nächsten Morgen hatten wir den Grand Central Bahnhof erreicht und ich zerbrach mir den Kopf, ob mein Onkel mich wiedererkennen würde. Ich hatte nicht die leiseste Ahnung, wie er aussah. Wir hätten natürlich nach dem Ausschlussverfahren vorgehen können, d.h. abwarten, wer zuletzt am Bahnsteig übrigbleibt. Diese Erfahrung blieb mir jedoch gottseidank erspart, da mein Onkel mich erkannte. Weil es sich um das bestgehütete Geheimnis des Zweiten Weltkrieges handelte, war er erst 24 Stunden vor meiner Ankunft benachrichtigt worden. Diese Vorgehensweise hatte für mich den Vorteil, dass meine Tante und mein Onkel an jenem Abend Karten für eine Broadway-Aufführung hatten.

Aber kommen wir zurück zum Grand Central. Wir umarmten uns und dann erzählte mir mein „Onk", dass er nicht in New York, sondern New Jersey wohne und wir einen weiteren Zug nehmen müssten, um dorthin zu kommen. Unglaublich, was man mir in England für einen Bären aufgetischt hatte. Denn man hatte mir erzählt, alle Leute in Amerika würden ein Auto besitzen und es hätte deshalb keinen Sinn, mein Fahrrad mitzunehmen. Natürlich sagte ich nichts, aber ich spürte, wie mir das Herz in die Hosen sackte. Als wir tatsächlich in Newark ankamen und aus dem Zug stiegen, sagte mir

Die Freiheitsstatue, New York

mein Onkel, dass er das Auto auf einem Parkplatz abgestellt habe und mich jetzt nach Hause fahren würde. Daraufhin sprang mein Herz wieder dorthin zurück, wo es hingehörte.

Auf dem Weg hielten wir bei einem Kaufhaus an und aus mir als Engländer wurde ein Amerikaner gemacht. Da stand ich nun, die Knie irgendwo zwischen der unteren Hosenbeinkante meiner Shorts (die langen Hosen waren in England geblieben) und der Oberkante meiner Kniestrümpfe. Auf jeden Fall total ungeeignet für das Leben in den Staaten.

Endlich kamen wir zu Hause an und ich machte mich sofort auf den Weg in die Badewanne. Im Anschluss schlief ich bis zum Abend. Ich hatte keinen Jetlag, war lediglich total erschöpft vom Fliegen. In der Zwischenzeit besorgten meine Tante und mein Onkel eine weitere Eintrittskarte für die abendliche Show. Damit ging mein erster Tag in West Orange, New Jersey, zu Ende. So weit, so gut!

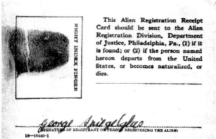

Meine Anmeldebescheinigung für Ausländer

Meine Zeit in Amerika

Ich erinnere mich nicht genau an den ersten ganzen Tag, den ich in meinem neuen Zuhause verbrachte. Ich weiß aber, dass es der 8. April 1945 war, denn ich besitze immer noch meine Anmeldebescheinigung für Ausländer, die in St. Albans Vermont ausgestellt wurde. St. Albans war nicht der Grenzort, sondern wahrscheinlich unsere erste Station in den Vereinigten Staaten, nachdem wir die Grenze überquert hatten. Am ersten Tag habe ich mich höchstwahrscheinlich im Haus und auf dem Hof umgesehen und mich dann in die direkte Nachbarschaft aufgemacht.

Ein paar Tage später kam mein Cousin Frank auf Heimaturlaub von der Armee. Er hatte bei den Luftstreitkräften angefangen, aber nach einem Jahr war er aufgrund seiner perfekten Englisch-, Deutsch- und Russischkenntnisse zum militärischen Geheimdienst versetzt worden. Ich denke, das bedarf keiner weiteren Erklärung. Zufällig war Ostern und viele interessante Veranstaltungen fanden statt. Deshalb nahm Frank mich nach New York zur „Radio City Music Hall" mit.

Erst kurz zuvor war Präsident Roosevelt verstorben. Daher gab es neben dem regulären Programm noch einen Gedenkgottesdienst mit großem Chor und vielen Abschiedsreden. Ich war sehr beeindruckt, und da ich mich immer noch nicht bei der Schule angemeldet hatte, war es nicht weiter schlimm, dass wir erst spät wieder zu Hause ankamen. Frank kehrte zu seiner Einheit zurück und wurde per Schiff nach Deutschland geschickt, das gerade dabei war zu kapitulieren. Hitler war schon in einer anderen Welt angekommen und Europa war auf der Schwelle zu einer neuen Ära.

Ostern war leider vorüber und ich musste mich für die Schule anmelden. Frank hatte meiner Tante genaue Anweisungen gegeben, mich unter keinen Umständen für die 7. Klasse einstufen zu lassen, da ich altersmäßig in die 8. Klasse gehörte.

STATE OF NEW JERSEY)
) SS:
COUNTY OF ESSEX   )

GEORG SPIEGELGLAS, being duly sworn according to law upon his oath deposes and says the following facts are tru facts concerning his identity:

1. Date of Birth: November 29, 1931.

   Place of Birth: Berlin

   Nationality of Origin: German

   Surname and forename
   of father: Spiegelglas, Alexander

   Surname and foremane
   of mother: Benedik, Marie Sara

   Former residence
   abroad: Berlin, Germany and
                       Coulsdon, England

   Present residence: 20 Lincoln Avenue,
                       West Orange, New Jersey
                       c/o Alexander Benedik

2. The following is a description of myself:

   Age: 17

   Height: 6 feet 1 inch

   Hair: Dark brown

   Eyes: Brown

   Face: Oval

   Nose: Aquiline

3. The annexed photograph is a photograph of myself which was taken recently.

Mein amerikanischer Pass

90

Die Schulbehörde versuchte immer, neue Immigrantenkinder in der einfacheren Klassenstufe unterzubringen und nicht dem Alter entsprechend. Die Tatsache, dass ich bereits Englisch sprach, kam ihnen gar nicht in den Sinn. Aber ich ging von April bis Juni in die 8. Klasse.

Zum Ende des Schuljahres hatten wir keine bestimmten Pläne. Ich besuchte für ein bis zwei Wochen in Rockaway Beach einige entfernte Verwandte. Ich weiß nicht, wie entfernt sie waren oder aus welcher Richtung der Verwandtschaft sie kamen. Der Ort liegt in der Nähe von Coney Island, einem Themenpark, und direkt am Strand. Ich verbrachte eine tolle Zeit dort, bis zu dem Tag, an dem ich fast ertrunken wäre. Dass ich noch hier bin, verdanke ich dem diensthabenden Lebensretter.

Ein ganzes Jahr lang hatte ich Angst, tiefer ins Wasser zu gehen als bis zu den Knöcheln. Das habe ich zu einem späteren Zeitpunkt überwunden, indem ich einen Rettungsschwimmer-Lehrgang besuchte, damit ich wenigstens selber für mich sorgen kann.

Schließlich gingen die Ferien zu Ende und leider musste ich wieder zur Schule. Dieses würde mein letztes Jahr, die 9. Klasse an der Roosevelt Junior High School sein, da die 10. Klasse woanders stattfand. Zu der Zeit hatte ich schon gelernt, dass so manches in den USA anders gehandhabt wurde, als es in England der Fall gewesen war. Das Wichtigste war, dass es dort keine Prügelstrafe gab. Vielleicht überließen sie diese Aufgabe den Eltern oder die Schüler benahmen sich immer korrekt, was mir ein wenig weit hergeholt scheint. Die schlimmste Strafe, die verhängt wurde, war, nach Schulschluss nachsitzen zu müssen. Das war eine große Sache und führte dazu, dass du deine Hausaufgaben vorm Fußballspielen gemacht hattest. Jeder Schüler hatte sein eigenes privates Schließfach mit einem Kombinationsschloss. Hört sich gut an, aber normalerweise vergaß ich die Nummernkombination, was es weniger gut machte. Dafür war es groß genug, den Mantel hineinzuhängen und das Pausenbrot sowie einige Bücher unterzubringen. Ein anderes Beispiel ist, dass jeder einzeln saß. Das hatte einen Vorteil für die Lehrer, für uns jedoch mindestens zwei Nachteile:

Erstens konnten weniger intelligente oder faule Schüler nicht bis aufs Pult des Nachbarn sehen. Zweitens hatten die, die gemeinsame Sache machen wollten, um sich über den Lehrer lustig zu machen, ein Kommunikationsproblem. Unter Berücksichtigung aller Pros und Contras hatte man ziemlich viel Spaß.

Einer der Höhepunkte des Jahres war, dass ich auserwählt wurde, die Hauptrolle in unserem jährlichen Theaterstück zu spielen – und das, obwohl ich es nicht schaffte, mir meine Schließfachkombination zu merken. Es war merkwürdig, dass ich anscheinend fehlerfrei spielte oder zumindest gut improvisieren konnte, da keiner irgendwelche Bemerkungen bezüglich meines Auftritts machte; nicht mal die Lehrerin. Vielleicht dachte sie nur: „Gott sei Dank, dass es vorbei ist!" Ich werde es nie erfahren. Ein weiteres Projekt in dem Jahr war die Konstruktion eines Bücherschranks im Holzarbeitenkurs. Der Schrank sah sogar mit Mahagoni gebeizt und lackiert ziemlich gut aus. Das Beste aber, das ich aus dem Kurs mitnahm, hatte nichts mit Holz zu tun. Der Lehrer des Tischlerhandwerks leitete ein Sommerlager im Norden von New Jersey und ernannte mich zum „Mitglied" seines Teams. Mein offizieller Job war Tellerwäscher-Assistent. Allerdings teilte ich meine Arbeit und war teilweise Berater für Jungen, die auf mich zukamen.

Zuerst möchte ich erklären, wie das Camp organisiert war. Es dauerte zwei Monate. In der ersten Hälfte waren die Mädchen und in der zweiten die Jungen dran. Da diese Aufteilung überhaupt keinen Einfluss auf die Beseitigung des dreckigen Geschirrs hatte, konnte ich den ganzen Sommer dort verbringen, was für mich Vorteile hatte. Diese waren, um nur zwei zu nennen: Erstens konnte ich so den ganzen Sommer über Geld verdienen und zweitens waren wir beiden Tellerwäscher die einzigen männlichen Jugendlichen im ganzen Camp. Alles in allem hatten wir riesengroßen Spaß. Obwohl ich den Posten eines Beraters hätte einnehmen können, behielt ich auch im folgenden Jahr die Aufgabe des Tellerwäschers bei und darüber hinaus für zwei zusätzliche Sommer. Im letzten Jahr meiner Tätigkeit an der Spüle kam mein Busenfreund Howard hinzu und ich kann

New-Jersey Sommerlager (ich in der Mitte, mit Hut)

Bei der „Marine"
(Tellerwäscher, Schwimmer und letztendlich – Matrose)

Betreuerteam (ich unterste Reihe, links)

*Beängstigende Horrorgeschichten für die jüngeren Teilnehmer
rund ums Lagerfeuer*

mit Sicherheit sagen, dass jene Saison den Direktoren des Lagers lange in Erinnerung blieb. Ich bin mir nicht sicher, ob die Leitung mich noch einmal engagiert hätte, aber die Besonnenheit sagte mir, dass ich mich lieber nicht noch einmal bewerben sollte, um dann enttäuscht zu werden.

Ich muss hinzufügen, dass Howard und ich höchstwahrscheinlich als Schurken in der ganzen Nachbarschaft bekannt waren. Nicht, dass wir Böses im Schilde geführt hätten. Es war lediglich unsere große Fantasie, die wir vielleicht dem Einfluss von Anne zu verdanken hatten. Anscheinend waren einige Leute nicht so glücklich über die Art und Weise, wie wir unsere Freizeit verbrachten, da die Polizei einige Male auftauchte, um meinen Onkel zu befragen. Er muss die richtigen Antworten geliefert haben, da ich nie echte Schwierigkeiten bekam. Auf jeden Fall haben Howard und ich uns immer gegenseitig dafür verbürgt, dass wir zusammen gewesen waren. Keinem ist in den Sinn gekommen, dass „zusammenhängen" nicht unbedingt hieß, dass er sich bei mir zu Hause aufhielt oder ich mich bei ihm.

Es gab in der Nähe ein Hotel, das hauptsächlich von älteren Gästen belegt wurde und immer ein ruhiger Ort war – oder fast immer. Wir spielten häufig auf den zugehörigen weiträumigen Rasenflächen Fußball, wodurch ein Rasenmäher überflüssig wurde. Und obwohl wir es schafften, den Rasen kürzer zu halten als jeder Rasenmäher, schätzte der Hotelbesitzer in keiner Weise die Art, wie wir vorgingen. Das Resultat war, dass wir nach ein paar Minuten des Spielens verjagt wurden. Anders ausgedrückt: Sie hatten uns den Krieg erklärt. An einem Nachmittag hatten wir daher alle Hände voll zu tun, Steine an Feuerwerkskörper zu binden. In der Armee sagt man dazu „die Zündschnur befestigen". Die Stunde X war um 22:30 Uhr oder 23 Uhr, als die Mitglieder unserer „Fußball-Brigade" das Hotel von zwei Seiten aus angriffen. Die Blitze und Donnergeräusche reichten, um alle Bewohner in Panik aus dem Hotel zu jagen. Man darf nicht vergessen, dass der Zweite Weltkrieg erst kurz zuvor zu Ende gegangen war. Jedenfalls machten wir, nachdem die Hölle losgegangen war, den taktischen Rückzug zur Basis.

Ich brauche nicht zu betonen, dass Howard und ich auf der Liste derer waren, die die örtliche Polizei aufsuchen sollte. Natürlich konnte uns keiner etwas anhängen, denn keine Beweise – keine Causa. Ich weiß bis heute nicht, wie viele Verletzte oder Tote es auf der anderen Seite gab (Herzattacken?).

Jetzt stiegen wir ins Schiffbaugewerbe ein. Die Häuser in unserer Umgebung waren aus Holz, das vor dem Gebrauch mit Segeltuch bezogen wurde. Wir hatten allerdings ein kleines Problem, denn Howard bekam sein Diplom als Schiffbauer erst acht Jahre später; während er auf der Marineakademie war, sodass wir mit dem System „aufs Geratewohl" beziehungsweise „oben bleiben und untergehen" auskommen mussten. Wir stellten ein Kanuähnliches Flachboot her, das gut auf dem Wasser schwamm – und zwar leer. Als wir uns jedoch hineinsetzten, lag das Gleichgewichtszentrum zwischen unseren Ohren. Das hieß, wir würden umkippen, wenn wir nicht exakt in der Mitte säßen. Das Resultat war ein neues Design, das aus einem mit Segeltuch bezogenen Holzrahmen gemacht und mit irgendeiner Farbe gestrichen wurde, die für Häuser auf einer bestimmten Baustelle gedacht war. Die Nägel waren auch kein Problem. Dieses Schiff hatte einen Tiefgang von einem Inch (2,54 cm). Es spricht für sich, dass wir dachten, ein Sicherheitsfaktor von 15 zu 1 wäre gut. Wir hätten es mit einigen Tonnen Zement beladen können und es wäre immer noch zu zwei Dritteln über der Wasseroberfläche gewesen. Ein Vorteil dabei war, dass wir ohne großen Aufwand schnell paddeln konnten (hilfreich bei einer Flucht). Das Boot wurde auf das Auto meines Onkels geladen und stand uns, während wir in den Sommerferien im Camp arbeiteten, zur Verfügung.

Ein weiteres wichtiges Datum war der 31. Oktober, Halloween. Es wird zurecht „die Nacht des Unheils" genannt und jedes Kind zwischen 14 und 18 Jahren, das nicht schnell genug laufen konnte, wurde von der Polizei aufgegabelt, ins örtliche Gefängnis gesteckt und am nächsten Morgen wieder freigelassen. Zu dem Zeitpunkt wurde die präventive Medizin erfunden. In der Nacht des Unheils machten wir aber nur ziemlich harmlose Dinge wie zum Beispiel,

Zum Wohl! (ich rechts, der Vierte von vorne)

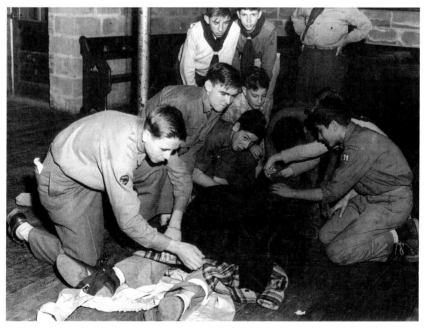

*Enthusiastischer Einsatz beim Erste-Hilfe-Wettbewerb der Pfadfinder
(ich Dritter von links, kniend)*

Stecknadeln in die Türklingel stecken, damit der Knopf stecken blieb. Es gab nur eine einzige Möglichkeit, den Krach zu beenden, nämlich die elektrischen Leitungen herauszuziehen.

Wir hatten noch einige fiese Tricks im Ärmel, aber da gilt die Devise, je weniger verraten wird, umso besser.

Auf dem Sommerlager spielten wir auch etliche Dumme-Jungen-Streiche, einige mit Unterstützung der älteren Mitarbeiter und andere ohne ihr Wissen. Das ganze Camp wurde in Form eines indianischen Volksstammes veranstaltet, einschließlich der Volkskunde. In einer Nacht veranstalteten wir ein großes „Powwow" oder Treffen am Lagerfeuer. Der Assistent des Lagerleiters erzählte Indianergeschichten am Lagerfeuer, das etwas außerhalb des Camps eingerichtet wurde und natürlich nachts stattfand. Er fing mit lauter Stimme an und wurde langsam immer leiser, bis er irgendwann nur noch flüsterte. In dem Moment sprangen zehn von uns mit bunter Kriegsbemalung und Federn geschmückt laut heulend aus den Büschen. Es dauerte anschließend ziemlich lange, bis wir die 11- bis 12-jährigen wieder beruhigt hatten. Wir haben bei dieser Aktion nicht die Zahl der nass gewordenen Unterhosen gezählt.

Ohne Wissen des Campleiters haben wir einige Kinder im Schlaf mit enzianblauen oder sonstigen Punkten am Körper bemalt und alle dachten am nächsten Morgen, sie hätten Ausschlag oder wären krank.

Ein weiterer Streich bestand darin, die Fingerspitzen der schlafenden Kinder in lauwarmes Wasser zu stecken, da einer auf die Idee kam, sie würden dann das Bett nass machen.

Die Liste der Ideen war schier endlos.

Ich möchte aber hinzufügen, dass wir während der Zeit der Oberschule auch viele positive Dinge gemacht haben. An erster Stelle steht, dass wir immer unser eigenes Taschengeld verdienten. Zweitens waren wir aktive Mitglieder der Pfadfinder, und als wir später alt genug waren, traten wir der Forschergruppe der Pfadfinder bei.

Ich hatte alle Stufen der Pfadfinder, einschließlich des „Life Scout" (Lebensretter) erfolgreich durchlaufen, d.h. mir fehlte nur noch eine Stufe bis zur Spitze. Hierbei handelt es sich nicht um Stu-

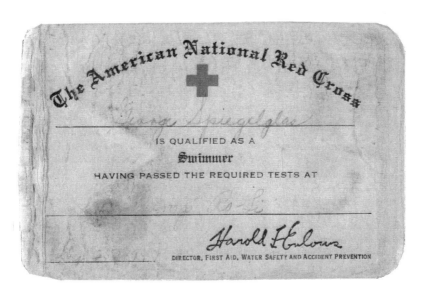

Mein Schwimmausweis des Amerikanischen Roten Kreuzes

fen der Macht, sondern um Leistungsstufen, die man durch eine Prüfung erreichen kann. Zu jedem Tätigkeitsbereich gehört ein Pfad-
finderhandbuch, das einem Richtlinien an die Hand gibt, und die
Prüfer waren Profis in ihrem Fach. Zum Beispiel war der Prüfer für
das Erste Hilfe-Verdienstabzeichen Chef der Erste Hilfe-Abteilung
der Edison-Werke, die ihren Sitz zufällig in unserer Stadt hatten.
Dort wurden 5.000 Mitarbeiter beschäftigt. Die Prüfung dauerte über
zwei Stunden und wir wurden lediglich zu zweit geprüft. Für mein
„Life Scout"-Abzeichen hatten wir zehn solcher Fächer, wovon fünf
Pflicht waren, nämlich Erste Hilfe, individuelle Gesundheitspflege,
öffentliche Gesundheitspflege, Sicherheit und Sport. Um Ihnen eine
Idee davon zu geben, welche Anforderungen an den „Eagle Scout"
(den Adler) gestellt wurden: Man brauchte 20 Verdienstabzeichen,
von denen 12 verpflichtend waren. Dazu gehörten z.B. die Qualifikation zum Lebensretter, auf dem Feld zu kochen (man bekam eine
Menüvorlage einschließlich Brotbacken über offenem Feuer), Vo-
gelstudien, Sozialkunde, Zelten, Wegplanung, Pionierarbeit und die
fünf, die ich vorher aufgeführt habe.

Mein „Life Scout"-Ausweis, Vorderseite

Außerdem gab es eine Mindestverweilzeit auf jeder Stufe. Ich habe noch niemanden unter 16 oder 17 Jahren getroffen, der dieses Level erreicht hatte. Es gab allerdings auch Leistungsstufen, bei

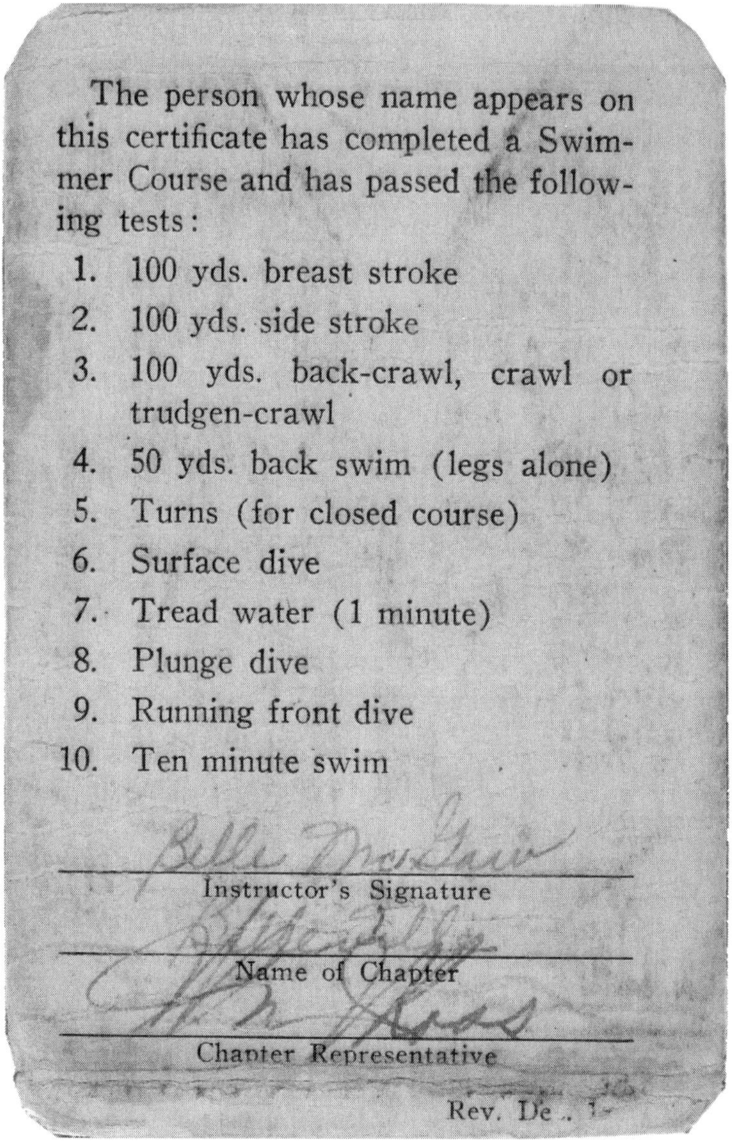

The person whose name appears on this certificate has completed a Swimmer Course and has passed the following tests:

1. 100 yds. breast stroke
2. 100 yds. side stroke
3. 100 yds. back-crawl, crawl or trudgen-crawl
4. 50 yds. back swim (legs alone)
5. Turns (for closed course)
6. Surface dive
7. Tread water (1 minute)
8. Plunge dive
9. Running front dive
10. Ten minute swim

_____
Instructor's Signature

_____
Name of Chapter

_____
Chapter Representative

Rev. De . 1-

Schwimmausweis, Rückseite

denen ich Oberster Mannschaftschef (entspricht in etwa einem Oberfeldwebel) wurde. Wir sind natürlich viel gewandert und haben unter
ziemlich harten Bedingungen gezeltet, z.B. auf unserer Eisbären-

Expedition. Da waren wir in den Appalachen bei Temperaturen unter dem Gefrierpunkt, aber wir schliefen dennoch draußen mit nur einem Dach überm Kopf und Mauern aus meterhohem Schnee. Es brauchte ziemlich starke Willenskraft, um aus den Schlafsäcken zu klettern, sich anzuziehen; ganz zu schweigen davon, ohne fremde Hilfe in seine festgefrorenen Stiefel einzusteigen. Alles in allem hatten wir eine gute Zeit, aber wir freuten uns, wieder nach Hause zu kommen und aufzutauen.

Zurück in der Schule kam ich jetzt ganz gut zurecht, weil ich mich sehr angestrengt hatte. In den letzten Jahren vor Schulabschluss konzentrierte ich mich auf meine künstlerischen Arbeiten und auf meine Zugehörigkeit zum Schul-Leichtathletik-Team. Ergänzend zur Kunstklasse nahm ich auch an der Kunst-Arbeitsgruppe (AG) teil, wo ich am Schuljahrbuch mitarbeitete. Was unser Leichtathletik-Team betraf, war ich die Nummer eins als Läufer der Schule und trainierte nach dem Unterricht fünf Tage die Woche. Wir hatten acht oder neun schulübergreifende Athletik-Treffen in verschiedenen Stadien und unsere Trainer nahmen die Sache sehr ernst. Dazu gehörte sogar, dass sie kontrollierten, was wir vor einem Wettkampf zu Mittag aßen. Natürlich waren wir von der Teilnahme an allen regulären Sportstunden befreit.

Ich war zusätzlich dem Schach-Club beigetreten, wo wir auch gegen andere Schulen zu Wettkämpfen antraten. In dieser Disziplin war ich allerdings nur die Nummer zwei, denn ich kann nicht behaupten, ein Genie gewesen zu sein. Ich hatte Spanisch als Fremdsprache gewählt, also trat ich mit den besten Intentionen dem Spanisch-Club bei, aber weder der Unterricht noch die Zugehörigkeit zum Club verbesserten meine linguistischen Fähigkeiten.

Zu guter Letzt war ich noch Mitglied der Anschauungsmaterial-AG, deren Aufgabe war, sich um die Filmtechnik der Schule zu kümmern. Dieses machte ich, wenn ich eine Freistunde zwischendurch hatte und ein Biologiekurs einen Film über Käfer oder Fliegen anschauen sollte. Zu Anfang bereitete diese Aufgabe mir ein paar Probleme. Da waren die Kinder, die darauf brannten, den Film zu

Mein Schulzeugnis, das ich – aus verständlichen Gründen –
meinem Onkel nicht gezeigt habe

sehen, und der Projektor ließ den grässlichen Film nur rückwärts laufen. Jedoch gelang es mir durch die „Negativ-Unterstützung" der Klasse schnell, das Ding zum Laufen zu bringen.

Nach meinem letzten Schuljahr bekam ich meinen Schulabschluss. Für die dazugehörige Zeremonie erhielten wir alle den schwarzen eckigen Hut und eine lange Robe gestellt, saßen oben auf der Bühne, lauschten den üblichen Reden und bekamen anschließend eine Rolle aus Karton mit, wie wir dachten, unserem Diplom. Wir liefen zurück in die Klassenräume, um uns umzuziehen und unsere hart erarbeiteten Dokumente zu begutachten. Wir staunten nicht schlecht, als wir lediglich eine Notiz in den Rollen fanden, die uns informierte, dass wir erst den Hut und die Robe der Schule zurückgeben müssten, um dann die Belohnung zu erhalten. Ehrlich gesagt, weiß ich nicht, was von beidem größeren Wert besaß.

Nun hatte ich die Schule für alle Zeiten abgeschlossen und nahm einen Sommerjob als Aushilfsgärtner (auf ewig Aushilfe!) am

Meine Zeichnungen aus dem „West Orange High School"-Jahrbuch

Greens Hotel an. Die Arbeit machte mich nicht reich, aber ich bekam zu essen und konnte nach der Arbeit das Schwimmbad nutzen.

Nun komme ich zu einem traurigen Kapitel dieses Lebensabschnitts, welches mein Leben wieder in Zickzacklinien verlaufen ließ. Für die ersten zwei oder drei Jahre liefen die Dinge am Lincoln Weg 20 glatt. Ich hatte meine Freunde, „die Gang", bestehend aus Howard, Eddie, Sigi, der jetzt auch in Israel wohnt, und zwei „assoziierten Mitgliedern" namens Sonny und einem Kerl, an den ich mich nur als Mousey erinnere. Sonny war gläubiger Christ, ging regelmäßig zur Kirche und niemals ins Kino. Ich erlebte ihn nie zornig oder in einen Kampf involviert, und das nicht aus Schwäche, denn er war kräftig und ein guter Sportler. Mousey war ein liebenswerter Kerl, der aber keineswegs an einer Überdosis Verstand litt.

Alles in allem waren wir eine gute Truppe, mit Howard, der mit seinem Verstand hinter allen originellen Dingen stand, die wir in die Tat umsetzten. Um meine Meinung zu bestätigen, bekam er einen Platz an der Annapolis, der Marine-Akademie, und graduierte

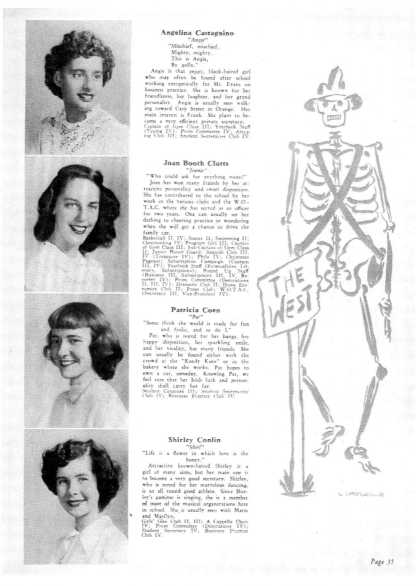

Meine Zeichnungen aus dem „West Orange High School"-Jahrbuch (S. 105-111)

als Vierunddreißigster von 800 Schülern in der Klasse. In 20 Jahren erreichte er den hohen militärischen Rang des Flaggen-Offiziers, beschloss aber dann, den Dienst zu quittieren und in die Wirtschaft

Patricia Browner
"Pat"
"Her mirth the world invites."
Beautiful, red-haired Pat is a girl of
many ambitions; but her secret one is to
become a nurse. Her leisure is taken up
with thoughts of Billy and occasionally
with her studies. Pat can usually be seen
knitting those beautiful argyle socks for—
you know whom. Because Pat always has
a kind smile and laughing eyes, she makes
friends easily.
Baseball II, III; Basketball II, III; Soccer
II, III; Swimming II; Girls' Glee Club II,
III; Prom Committee III; Artyping Club
IV; Modern Dancing IV.

Elizabeth Buggi
"Bett" *"Bette"*
"She is always good natured, good hu-
mored, and happy."
Bette can usually be found in the cor-
ridor talking with Joan about history. She
is known for her beautiful clothes and
her charming smile. Her weaknesses are
tall, blond fellows with curly hair, long
telephone conversations, and dancing.
Bette's one ambition is to play the piano
so well that she will be admitted to the
Juilliard School of Music.
Library Council II; Yearbook Staff (Personalities); Art Club II; Dramatic Club II;
Miralcraft II.

Bernice Byrne
"Ber"
"Did your mother come from Ireland?
Cause there's something in you Irish."
Bernice's unusual laugh wakens the oc-
cupants of homeroom 101A on Monday
mornings. She can usually be found with
the B.B.G.'s making her afternoon trip to
Paul's. After graduation Ber plans to
work in Monroe's or the Prudential. One
of her many ambitions is to learn to
drive a car; her one weakness is tall,
dark, and handsome men with dimples.
Soccer II; Basketball II, III; Sub-Captain
of Gym Class III; International Relations
III; Yearbook Staff (Typing); Artyping
Club III; Chess Club IV; Bridge Club IV.

Gertrude Helen Canouch
"Gertie"
"A good heart and a pleasant smile."
Gertie is that smiling senior who isn't
quite so quiet as she appears. She is
usually seen with Marlena or with the
girls talking about the newest styles in
clothes. Gertie is fond of music and
dancing, and she doesn't believe in too
much homework. Aided by her cute
smile and pleasing personality, she hopes
to find the right fellow.
Artyping Club III, IV; Student Secretaries
IV.

Page 34

zu gehen. Er besaß vier Abschlüsse im Ingenieurwesen und wurde
sehr erfolgreich. Leider war er, als ich ihn 30 Jahre später traf, nicht
mehr der, den ich kennengelernt hatte. Vielleicht hatte die Arbeit
mit Admiral Rickover beim Pentagon Einfluss auf ihn gehabt.

Page 57

Er war ein strenger Vater geworden. Als sein Sohn die Highschool erfolgreich abschloss und Ingenieurwesen studieren wollte, riet Howard ihm, Musik oder einen ähnlichen Studiengang zu wählen, da er seiner Meinung nach nie ein guter Ingenieur würde.

Bruce Kupferer

"Kups" *"Gints"*

"Young fellows will be young fellows." That tall, strong, and silent fellow we see is none other than our own Bruce. He is an authority on sports, particularly baseball. "Gints'" greatest love is the New York Giants, and Mel Ott receives most of Bruce's admiration. He is the quieter member of the twins, but the silence is deceitful. He wishes to become a pipe technician.
Yearbook Staff (Asst.); Art Club II, III, IV; Manager of Basketball Team III, IV.

Richard Lacey

"Dick"

"If I had the wings of an angel, Over these prison walls I would have flown." Dick, whose main weaknesses are wine, women, more women, and more women, is often seen with the boys enjoying the surroundings of the Kandy Kane. Dick is still trying to find out how he is going to wiggle out of those detentions that he always seems to get. After graduation, Dick plans to help "Uncle Sam" with a few of his friends.
Junior Varsity Football II; Student Congress II; Track II; Auto Mechanics III, IV (President IV).

Costas I. Lambrew

"Gus"

President of the WOTAC, Business Manager of the "Round-Up," and senior football manager—these are titles that belong to this outstanding member of our class. Gus is bound to succeed as well in the field of medicine as he has in all of his other ventures. This linguist, fluent in both Greek and Spanish, plans to attend Wesleyan University next September.
Spanish Club II; Football Manager II, III; A Cappella Choir II, III, IV; Subscription Campaign (Captain II); International Relations II, III, IV; Yearbook Staff (Subscriptions, Personalities); Round-Up Staff (Business III, Manager IV); Prom Committee (Decorating Chairman III); Boys' Chorus III; Quill and Scroll III (Vice-President IV); WOTAC Membership II, (Treasurer III, President IV).

Richard Latham

"Dick"

"He is a lion among ladies." That quiet, good-looking boy who wears the sharp ties and shirts answers to the name of "Dick." He is usually seen with "Teddy" or "George." As one of the originators of the word "shmoo," he adds it to all his cartoons which, by the way, he does very well. He plans to turn his artistic ability to architecture.
Track II, III, IV; Art Club II, III, IV; Auto Mechanics III; Gun Club III.

Zum Glück hatte sein Sohn Mumm genug, zu sagen, er würde mit oder ohne Vater Ingenieurwesen studieren, und tat es dann mit Erfolg. Immer, wenn ich West Orange besuche, wohne ich bei seiner Schwester Doris und habe auch nur zu ihr den Kontakt aufrecht erhalten.

Richard Polhemus
"Dick"

"His is a personality worth achieving." This tall, curly-haired lad, a fine athlete, may usually be seen on either the football field or the basketball court. One of the most versatile fellows in West Orange High, Dick is a good student as well as a participant in many school activities. His pleasing personality, which makes him popular with everyone, will someday make him a successful doctor. Junior Varsity Basketball II, III; Varsity Football III, IV; Junior Varsity Football II; A Cappella Choir II, III; Student Congress II, III; Track II, III, IV; Yearbook Staff (Co-Chairman of Athletics); Prom Committees III, IV; Boys' Chorus III; Sports Club IV.

Robert Porter
"Bob"

"Men of few words are the best men." If you have ever looked behind the huge horn in the band, you have, no doubt, seen Bob. Bob, who has made photography both his hobby and his business, may usually be seen running around snapping pictures for some one or other. Bob's ambition is to take pictures for "Life" magazine. After his graduation Bob plans to attend college. Clio III, IV; Orchestra II, III, IV; Yearbook Staff (Snapshots Editor); Round Up Staff III, IV; Camera Club (President IV); Band II, III, IV.

George Proll
"Truly a gentleman and a scholar."

We might honestly say that George put West Orange High School on the air waves. Although George is a marvelous orator and debater, he does not intend to follow this line. His horn rimmed glasses, besides giving him a wonderful title for his written material, will also help him to look professional when he fulfills his ambition to be a psychologist. Cheerleading IV; Clio III, IV (President); Senior Dramatics IV; Student Congress IV (Public Relations Director); International Relations III, IV; Tennis III, IV; Yearbook Staff (Business Manager); Round Up Staff III, IV; Prom Committees (Decorations III); Junior Town Meeting II, III; Semi-Finals III; New York Times Youth Forum IV; Honor Guard III.

Robert W. Rawson
"Bob"

"All great men are dying;
I feel faint myself."

Bob is probably the only person in W.O.H.S. known to every other student. Usually he is to be found looking for George wearing those famous black-rimmed glasses. Bob's ambition is to be president of the National Broadcasting Company. If Bob's past achievements are an example of his future success, N.B.C.'s present executive should be soon looking to his laurels. Clio III, IV (President III); Student Congress II, IV; Subscription Campaign II, III (Captain); International Relations II, III, IV; Yearbook Staff (Advertising Manager); Round Up Staff IV (Columnist); Prom Committees (Refreshments I, III); Dramatic Club II (Treasurer); Junior Fashion Board IV.

Etwa zwei Jahre nach meiner Ankunft in den Staaten erschien die Schwägerin meines Onkels auf der Bildfläche, und die Dinge wurden ziemlich aufreibend. Sie hatte den Holocaust wohl überlebt, weil sie mit einem hochrangigen Nazi verheiratet war. Was nach dem Krieg

Francis O'Reilly
"Frannie"

"A little learning is a dangerous thing." Francis is usually seen around Gaston School with the fellows from "Fred's." He takes much interest in athletics and especially likes to play basketball. He is well known for going up to the golf links. When Franny hears Irish poetry, he is entranced; apparently he is Irish! Although Frannie seems quiet in the classroom, he is more active after school. Co-Captain of Gym Class III; Junior Varsity Football II; Golf II; Sports Club II, III, IV; Bridge Club III.

William Franklin Owens
"Bill"

"I say little, but I know a lot." Bill says little when he is in school. In fact, he is so quiet that no one knows his secret ambition. However, he must have a worthwhile goal since he is always seen studying at top speed in 209. It is too bad to have wasted that colorful blush on Bill—it would have saved some girl the cost of rouge. Captain of Gym Class IV; Music Appreciation Club IV; Auto Mechanics Club IV.

Eugene Picking
"Gene"

"I've been dying for four years; Now I'm going to live." Eugene is a hard-working lad whose main ambition at this point is to be graduated from West Orange High. He doesn't cease working after school; for he may be seen almost any afternoon at the office of the Midland Press where he helps his father. Eugene seldon finds time for recreation; however, he enjoys attending Drive-in-Theaters occasionally. Captain of Gym Class II, III; International Relations Club III; Yearbook Staff (Snapshots); Leathercraft III; Auto Mechanics Club IV; Model Airplane Club IV.

Edward P. Pleva
"Eddy"

"I am silent, but capable of great things." West Orange High is the first "Coed" school that Ed, recently of Boston, has ever attended. In the short time he has spent here, he has made many friends. Sports being his chief interest, he spends most of his time playing his favorites, football and basketball. After graduation Ed hopes to go to college where he plans to study law. Varsity Basketball II; Varsity Football II, III, IV; Track II, III.

Page 68

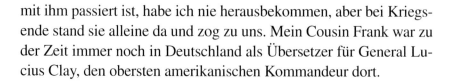

mit ihm passiert ist, habe ich nie herausbekommen, aber bei Kriegsende stand sie alleine da und zog zu uns. Mein Cousin Frank war zu der Zeit immer noch in Deutschland als Übersetzer für General Lucius Clay, den obersten amerikanischen Kommandeur dort.

Mein Foto (3. von oben), meine Beschreibung und die Anmerkungen meiner Studienkollegen im „West Orange High School"-Jahrbuch

Das Komitee des Kunst-Jahrbuches (mich sieht man in der Mitte)

Mein Onkel war nie ein großer Briefschreiber gewesen, also erledigte meine Tante die gesamte Korrespondenz. Das war eine gute Angelegenheit, bis die Atmosphäre zu Hause einen bitteren Ton annahm und Frank die Geschichte nur aus der Sicht seiner Mutter zu hören bekam. Ich denke, mein Onkel hat seinem Sohn auch geschrieben, aber Frank ergriff immer die Partei seiner Mutter. Das blieb so, bis er aufgrund finanzieller Probleme in die USA zurückkehrte. Nach einer Zeit spitzten sich die Dinge so zu, dass es unmöglich so weitergehen konnte. Meine Tante und mein Onkel ließen sich scheiden. Es war kein einfacher Prozess und dauerte einige Jahre. Für mich wurde die Situation verworren und beide Seiten versuchten, mich für sich zu gewinnen, mit dem Ergebnis, dass ich das Haus verlassen musste. Ohne Frage kann man solche Ereignisse nicht vor der Nachbarschaft geheim halten und ich war froh, dass Howards Eltern mich bei sich aufnahmen.

Ich verbrachte eine höllisch gute Zeit bei Howards Familie und anscheinend ganz ohne jemandem Ärger zu bereiten. Einmal jedoch verursachten wir Chaos, als wir fürs Abfeuern unserer in New York gekauften Zwei-Inch-Knallkörper (5,08 cm) kein geeignetes Ziel finden konnten (in New Jersey sind sie illegal). Wir stellten jedoch bald fest, dass wir nicht so weit entfernt suchen mussten. Nebenan nahmen die Nachbarn gerade ihre Abendmahlzeit auf der Veranda zu sich und wir entschieden uns, ihr Zusammensein zu beleben. Unser Ziel, aus einem Fenster im 3. Stock mit unserer Rakete in die Mitte des Tisches zu treffen, wo alle versammelt saßen, war ein Kunststück. Und platsch, es knallte mächtig. Zum Glück gelang es uns, rechtzeitig durch die Hintertür zu fliehen, bevor Howards Vater seinen Gürtel ausziehen konnte. Wir warteten in gewisser Entfernung, bis die Dinge sich beruhigt hatten, und schlichen zurück nach oben in unsere Zimmer. Am nächsten Morgen war wieder Normalität eingezogen.

Ich gestehe, dass wir einen ziemlichen Fundus an Ideen im Kopf hatten, wovon manche aber zu viele Risiken in sich bargen. Schließlich kehrte ich nach Lincoln Ave zurück, da die Dinge ihren Höhepunkt erreicht haben mussten und meine Tante und Onkel wohl auf einem guten Weg zu einer Einigung waren. Wir lebten jedoch weiterhin in einem gespaltenen Haushalt, was bedeutete, dass die Küche in verschiedenen Schichten genutzt wurde, genauso wie der Ofen und der größte Teil des Hauses. Die einzige Verbesserung war, dass die Schwester meiner Tante weggezogen war und die Beziehung zwischen meinem Onkel und seinem Sohn sich verbessert hatte. Was ich noch nicht erwähnt habe, ist, dass er eine zehn Jahre ältere deutsche Christin mit drei Kindern geheiratet hatte. Ihr Mann war in der deutschen Armee gewesen und an der Ostfront gefallen.

Da mein Onkel seinen Vater und zwei Schwestern durch die deutsche Vernichtungsmaschinerie verloren hatte, konnte er das nicht schlucken. Er hielt seine Fassade aufrecht, aber innerlich muss er in Aufruhr gewesen sein. Wir besuchten sie dennoch jedes Wochenende und beluden uns natürlich im Supermarkt mit dem Vorrat für eine Woche, bevor wir ihr Heim erreichten. Als Kriegsveteran durfte Frank studieren, verdiente jedoch nicht genug Geld, um fünf hungrige Mäuler zu füttern. Nachdem wir ihn wieder verlassen hatten, muss er Ärger mit der Konstruktionsfirma, die er selber gegründet hatte, bekommen haben, denn wir hörten lange Zeit nichts von ihm. Als wir es taten, hatte er seinen Namen geändert.

Mein Onkel hat seinen Brief nie beantwortet, da dessen Anlass die Bitte um finanzielle Unterstützung war. Die Position meines Onkels hat sich in Israel stark verändert – aber dazu später mehr.

Endlich, im September 1949, ging der Scheidungsprozess dem Ende entgegen und mein Onkel bereitete sich darauf vor, in den neuen Staat Israel zu ziehen. Das hörte sich für mich nicht gut an, da ich erst fünf Jahre zuvor einer Kriegsregion samt Essensrationierung entkommen war und nun die zweifelhafte Gelegenheit hatte, in diesen Status zurückzukehren. Ich entschloss mich, nicht mitzugehen, und da ich keine andere Wahl hatte, fasste ich den Entschluss, mich der US Marine anzuschließen. Das war leichter gesagt als getan. Da ich das reife Alter von 17 hatte, brauchte ich weiterhin die Unterschrift meiner Eltern oder des Vormunds, und mein Onkel verweigerte diese. Damit war der Fall also erledigt.

Ich vereinbarte mit meinem Onkel, dass er meine Rückfahrkarte bezahlen würde, sollte ich mich in keiner Weise an das Leben drüben gewöhnen. Dafür würde ich ihn jeglicher Verantwortung freisprechen. Dieser Abmachung stimmte er zu. Ich vermute, er war sich seiner Sache selber nicht ganz sicher. Der Witz wäre gewesen, wenn er zurückgekehrt und ich geblieben wäre.

Bevor wir abreisten, gelang meiner Tante ein weiterer Hieb unter die Gürtellinie. Mein Onkel war ein Amateurmaler und dachte, seine Gemälde wären sein privates Eigentum. Im Scheidungsvertrag, den er mit seiner bald ehemaligen Frau abgeschlossen hatte, war vereinbart, dass er lediglich die Dinge aus seinem und meinem Zimmer mitnehmen dürfe. Als er also anfing, die Gemälde in anderen Teilen des Hauses abzuhängen, sagte der Anwalt ihm, er müsse sie an ihren Platz zurückhängen. Traurig zu sagen, dass – soweit ich mich erinnere – er nie wieder mit Ölfarben malte, sondern nur noch mit Wasserfarben.

Mein Freund Howard Cantor und seine Eltern

Insgesamt muss er 30 bis 40 Gemälde zurückgelassen haben. Schließlich war alles in einem Container, zu der Zeit eine große Holzkiste, eingeladen und verschifft. Ein paar Tage später, nachdem wir uns von allen Freunden verabschiedet hatten, beluden wir unser Auto, fuhren nach New York und übernachteten in einem Hotel.

Am nächsten Tag wurden die Segel in Richtung des Verheißenen Landes gehisst, ohne zu wissen, wie die Verheißung konkret aussehen würde. Die Überfahrt verlief tatsächlich ohne weitere Zwischenfälle, außer dass ich lernte, dass man nicht den Mast auf einem Dampfer besteigen sollte. Es passierte abends, als ich bei Dunkelheit eine bessere Sicht der Nordlichter haben und direkt aufs Wasser herunterschauen wollte. Am Tag war starker Seegang gewesen. Das

Ergebnis dieser Aktion war, dass ich bedeckt mit schwarzem Ruß des Schornsteins wieder herunterkam.

Die Höhepunkte unserer Reise waren die Zwischenstopps in Gibraltar, Palermo, Neapel und Athen. Ich glaube nicht, dass die ganze Reise mehr als 12 Tage dauerte. Wir freuten uns, tagsüber anzukommen, weil alle Passagiere so für ca. eine Stunde an der Reling standen und versuchten zu erkennen, wie ihr neues Zuhause aussah.

Ein paar Jahre später hatte ich diese Freude dank der israelischen Marine, in der ich etliche Jahre diente, noch viel öfter.

Wieder eine neue Sprache, neue Gebräuche und ein neues Zuhause

Wir verbrachten unsere erste Woche in Israel bei einer einheimischen Familie in Nepal Shana, Haifa, die uns von einem Bekannten meines Onkels empfohlen worden war. Alles, was ich über ihn wusste, war, dass er als britischer Offizier oder Soldat im Zweiten Weltkrieg verwundet worden war und ein Holzbein hatte.

Bis zum Ende der Woche hatte mein Onkel bereits einen Job bei Maflan, ein Produzent der Waffenindustrie, und ich musste für mich selber sorgen.

Auf der Überfahrt hatte ich eine Gruppe der Betar-Bewegung kennengelernt, die dabei waren, eine neue Siedlung in den judäischen Bergen aufzubauen. Da für mich alle Jugendbewegungen gleich waren und ich nichts über ihre Ideologie wusste, sagte ich mir: „Ach, was soll's? Die sind alle Juden, also worin besteht der Unterschied?" Ich schloss mich ihnen an. Die Romanze zwischen uns hielt nicht lange, da diese „netten Jungen und Mädchen" die Vorstellung hatten, sie wären herübergekommen, um das Land zu retten. Aber schwer arbeiten war nicht ihr Ding. Nach zwei Wochen stellte der Erste fest, sein Vater wäre krank, ein Zweiter hatte eine kranke Mutter und ein Dritter musste seinem Vater im Unternehmen helfen. Jedenfalls hätten sie nach fünf Wochen die neue Siedlung in New York gründen können, aber das half mir nicht viel.

Da ich knapp bei Kasse war, machte ich mich auf den Weg, um einen etablierten Kibbuz zu suchen, der mich auf der Stelle aufnehmen würde. Dabei hatte ich leider keinen Erfolg. Jeder sagte mir, die Siedlungen würden händeringend nach neuen Leuten suchen und man könne sofort anfangen zu arbeiten. Doch vor Ort hieß es, sie müssten erst mal eine Mitgliederversammlung abhalten und ich solle in zwei Wochen wiederkommen.

Der junge Pionier von Mishmar Ha'Yarden

Nachdem ich zwei Wochen lang von Kibbuz zu Kibbuz gegangen war und kein Bargeld mehr besaß, konnte ich nicht einmal nach Tel Aviv fahren, um mir etwas Geld von meinem Onkel zu leihen. Mir blieb also nichts anderes übrig, als mich an die Jüdische Agentur für neue Immigranten zu wenden. Dort erhielt ich das damalige Äquivalent von drei Dollar, sodass ich Bargeld für die Busfahrt und „Kraftstoff" für den Körper hatte. Ich war wirklich bedient und das Einzige, woran ich noch denken konnte, war, in die Staaten zurückzukehren. Natürlich erzählte ich meinem Onkel erst einmal meine Leidensgeschichte und bat ihn anschließend, sein Versprechen zu halten und 185 Dollar für meine Reise gen Westen locker zu machen. Im Gegensatz zu mir machte er sich ganz gut und hatte eine gute Arbeitsstelle. Er wollte mich sicher nicht ziehen lassen und machte sich wohl Sorgen um mich, denn außer einer großen Klappe hatte ich keinen Beruf. Er gab mir eine positive Antwort, bat mich aber, bevor ich mich endgültig entscheiden würde, noch einmal zu überlegen, ob ich nicht doch irgendwo andocken könnte.

Ich machte den gleichen Versuch wie in den Wochen zuvor, einen Platz zu finden, wo ich eine gute Chance hatte, sofort akzeptiert zu werden. Also kam ich wieder nach Shuni, wo ich anfänglich gewesen war. Dieses Mal jedoch zusammen mit einer anderen Gruppe. Das Treffen war interessant und fing mit den üblichen Begrüßungsgepflogenheiten an. Es war klar, dass als Nächstes die Frage kam: „Warum gibst du uns die Ehre deines Besuchs?"

Die Antwort war natürlich: „Akzeptiert ihr neue Mitglieder?"

Da sie die Frage bejahten, fragte ich: „Ab sofort?"

Sie merkten schnell meine Intention. Als Nächstes bereiteten sie mir ein Bett und etwas zu essen vor, damit war die Sache geklärt. Es war klar, dass mein Name schon am Abend auf dem Arbeitsplan für den nächsten Morgen stand und ich damit Mitglied geworden war. Ich blieb nur ein paar Wochen in Shuni, da wir schon das Okay bekommen hatten, eine unserer Siedlungen in Galiläa aufzubauen.

Bis wir tatsächlich nordwärts weiterzogen, hatte ich schon in ganz verschiedenen „Berufen" gearbeitet.

In Shuni hatte die Gruppe ein ziemlich großes Stück Land zugeteilt bekommen und am ersten Tag habe ich Auberginen gepflückt. Danach graduierte ich zum Pflücker für die umliegenden Bauern und als Nächstes entlud ich Eisenbahn-Sitzreihen. Zum Schluss stieg ich zum Brückenbauer auf. Damit ich nicht falsch verstanden werde: nicht so etwas wie die Golden Gate, sondern nur eine kleine Sache über ein Flüsschen, sodass Autos es im Winter überqueren konnten. Das war eine ziemlich schwere Arbeit, da alle Materialien per Hand angerührt wurden. Der ganze Zement wurde in der gleichen Weise transportiert, ganz zu schweigen von der allerletzten Schicht. Diese Arbeit hatte jedoch zwei Vorteile: Erstens konnten wir ca. 30 Meter flussabwärts gehen, waren dabei außer Sichtweite und konnten dem Strom etwas hinzugeben; zweitens gab es Orangenhaine auf beiden Seiten, also wurden wir während der Erntezeit reichlich mit Vitamin C versorgt. Die Eisenbahnsitze dagegen waren eine ganz andere Geschichte, nämlich ohne jegliche Vorteile nebenbei und eine gefährliche Arbeit. Diese Sitzreihen wurden in großen Mengen auf die Eisenbahnwaggons geladen. Um sie wieder auszuladen, wurden die Seitenteile der Waggons aufgemacht, und was herausfiel, fiel eben. Der Rest musste entwirrt und herausgeworfen werden. Das Problem bestand darin, dass durch das Ziehen an einem Teil der gesamte Haufen ins Rutschen geraten und einem ein Bein brechen konnte. Diese Teile waren nämlich nicht aus Holz, sondern aus Metall. Um es milde auszudrücken, handelte es sich um eine ziemlich gefährliche Angelegenheit.

Irgendwann Mitte Dezember 1949 war ich an der Reihe, mich den anderen in unserem neuen „Zuhause" in Galiläa anzuschließen.

Ich fand die Verhältnisse in den türkischen Gebäuden in Shuni schon schlecht, aber hier die Zelte im winterlichen Schlamm waren noch eine Stufe darunter, richtig lausig. Natürlich war die erste Aufgabe auf der Agenda, überdachte Holzhütten zu bauen, die nicht undicht und deren Böden trocken waren.

Bis zum Anfang des Frühlings hatten wir zwei Trecker, Pflüge und ein Sortiment an bäuerlichen Werkzeugen erhalten.

Die Jungen und die Mutigen

Wir bekamen auch vier Kühe, zwei sture Maultiere und einen schönen Araber. Da unsere Siedlung in einer entmilitarisierten Zone direkt an der Grenze lag, besaßen wir ein ziemlich großes Waffenarsenal. Dazu gehörten ein 3-Zoll- und zwei 2-Zoll Minenwerfer, ein schweres Maschinengewehr, einige leichtere Automatikwaffen, Handgranaten und Molotowcocktails. Wir hatten auch einige Enfield-Pistolen. Diese dienten als Vorzeigeobjekte für die UN-Inspektoren, da das andere Zeug illegal war und versteckt werden musste. Wir waren schließlich in einer entmilitarisierten Zone.

Alles in allem haben wir auf den Feldern schwer gearbeitet und erledigten auch Außenarbeiten mit unserer Maschinerie. Wir mussten natürlich abwechselnd die Nachtwachen übernehmen. Gottseidank übernahmen die Frauen das Kochen und Melken.

Auch an diesem Ort hätte ich meinem Leben auf Mutter Erde beinahe ein Ende bereitet. Eines Tages, als der Trecker einen der dreckigen Pfade entlangfuhr, sah der Fahrer eine Leitung den Weg überqueren. Da er in der Armee gedient hatte, wusste er, was das bedeutete, und machte eine Vollbremsung. Es war in der Tat auf jeder Seite eine englische Markfour-Panzerabwehrmine. Er entschärfte sie schnell und brachte sie für zukünftigen Gebrauch zur Siedlung

Ich fahre einen Trecker in Mishmar Ha'Emek

zurück. Diese Gelegenheit ließ nicht lange auf sich warten, denn nicht weit von unserem Dorf befand sich ein Bach, den wir als Wasserquelle gebrauchen wollten. Bis dahin wurde unser ganzes Wasser mit Tankern angeliefert. Es musste manuell in den Wasserturm hochgepumpt werden, damit es zu den Wasserhähnen floss. Das Problem war, dass neben dem Bach riesige Eukalyptusbäume standen, die unheimlich durstig waren. Um diese Monster loszuwerden, beauftragten wir einige Soldaten der Royal Engineers, zu kommen und sie in die Luft zu jagen. Dazu wurden Löcher an drei Seiten eines Baumes gebohrt und eine Sprengladung hineingefüllt. Wenn diese detonierte, fiel der Baum zur vierten Seite um. Diese Bäume haben Wurzeln, die sich über einen Radius von 10 Metern ausbreiten können. Unser Baum lag also auf der Seite mit einem 3 Meter tiefen Krater am unteren Ende und die Hälfte der Wurzeln war immer noch fest im Boden verankert. Sie erraten es bestimmt: Jetzt kamen die zwei Minen ins Spiel. Ich betrat die Bildfläche und hätte fast für noch mehr Aufregung gesorgt. Ein Freund und ich, beide 18 Jahre alt, nahmen es selbst in die Hand, den Baum freizusprengen. Keiner von uns beiden hatte je Sprengstoff gesehen. Dennoch sagten wir unserem Boss, dass wir nach einer kurzen Einführung den Job machen würden. Wir wurden belehrt, dass die Zündvorrichtung in den Detonator führt. Diesen schiebt man in einen Stab Plastiksprengstoff und diesen wiederum in den Sprengsatz. Dann zündet man die Zündschnur und rennt los. Als wir das Gelände erreichten, machten wir alles außer einer Sache korrekt: Wir vergaßen zu fragen, wie lange es dauern würde, bis die Zündschnur abbrennt. Also steckten wir unsere Köpfe zusammen und beschlossen, dass eine Länge von 20 Zentimetern ausreichen würde. Wir schafften es gerade, aus dem Krater auszusteigen, bevor das Ganze in die Luft flog. Wir hatten Glück, dass die Explosion sich im Krater abspielte, die Felsbrocken durch die Luft flogen und dann ausgepustet wurden. Wir rannten wie von der Tarantel gestochen und passten dabei höllisch auf, den großen Steinen rechtzeitig auszuweichen.

Nachdem wir uns wieder sicher fühlten, starteten wir einen zweiten Versuch, weil der erste nicht recht überzeugend auf den Baum gewirkt hatte. Es stellte sich erneut die Frage, welche Länge die Zündschnur haben sollte. Da wir kein Risiko eingehen wollten, entschieden wir uns für eine Länge von einigen Metern. Das gab uns genügend Zeit, um fast 200 Meter zu laufen, uns hinter einen anderen Baum zu setzen, einen Schluck Wasser zu trinken und auf die Explosion zu warten. Danach liefen wir, mit richtig guter Laune, ins Dorf zurück, weil wir den Rang der „Abriss-Experten" erreicht hatten. Ich würde nicht behaupten, dass dies das einzig Blöde war, was wir in dem Jahr veranstalteten. Aber es muss an anderer Stelle erzählt werden.

Irgendwann am Ende des Sommers hatte ich durch meine Samstagsdienste etwa 20 Arbeitstage angesammelt. Nicht weil ich das wollte, aber weil wir knapp an Arbeitskräften waren, und es gab Dinge, die mussten erledigt werden. Ich hatte meinen Onkel lange nicht mehr besucht und konnte den Sekretär der Siedlung schließlich überzeugen, mir ein paar freie Tage zu geben. Ich bereitete alles vor und informierte meinen Onkel, der inzwischen in den Kibbuz Mishmar Ha'Emek umgezogen war, dass ich kommen würde.

Ich wählte den Tag, an dem unser Lastwagen zum Hafen von Haifa fahren musste, sodass ich mitfahren und von Haifa aus den Bus zum Kibbuz nehmen konnte. Der Laster sollte um 1 Uhr morgens losfahren, damit er einen Platz vorne in der Warteschlange am Hafeneingang bekommen würde. Die Probleme begannen, als der Sekretär am selben Abend feststellte, dass er zu wenig Arbeiter für die Aufgaben der nächsten Tage hätte, und mich informierte, dass ich doch nicht fahren könne. Natürlich war ich wütend und weigerte mich zu bleiben. Der Sekretär sagte dem Fahrer, er solle mich nicht einsteigen lassen, worauf dieser erwiderte, er könne es mir nicht verbieten, weil der Laster Allgemeinbesitz wäre. Da der Sekretär sehr impulsiv war, brüllte er mich an, wenn ich darauf bestünde zu gehen, bräuchte ich nicht wiederzukommen. Ich fuhr dennoch.

Als ich am nächsten Morgen bei meinem Onkel im Kibbuz ankam, fragte er mich, wie lange ich bleiben würde. Ich sagte ihm, dass ich so lange bleiben könnte, wie ich wollte. Er verstand natürlich nicht, was ich meinte. Also erklärte ich ihm die Situation und er sorgte dafür, dass ich die Möglichkeit bekam, in Mishmar Ha' Emek zu arbeiten. Ungefähr eine Woche später kehrte ich nach Galil zurück, um meine Sachen abzuholen. Erst dann merkten sie, dass ich die Drohung des Sekretärs ernst genommen hatte. Alle Mitglieder fingen an, mich überzeugen zu wollen, dass alles nur im Eifer des Gefechts gesagt worden wäre, der Sekretär es nicht ernst gemeint hätte und ich bleiben solle. Ich bin aber auch ziemlich hitzköpfig und wollte nicht zurückrudern.

Mein Onkel hat sich mächtig gefreut, mich im Kibbuz an seiner Seite zu haben, und organisierte mir einen Arbeitsplatz in der Autowerkstatt, wo ich, wie ich es mir gewünscht hatte, den Beruf des Automechanikers lernen konnte. Ich fand mich irgendwann jedoch im Werkzeugverkauf der Fabrik für Kunststoffe wieder und damit unter den wachsamen Blicken meines Onkels. Das unterband ir-

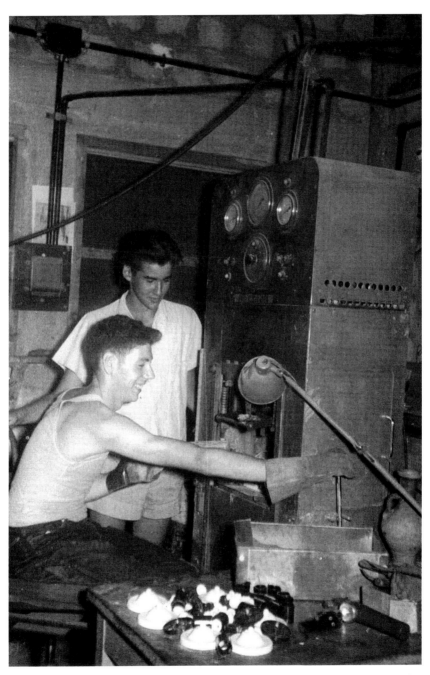

Ich arbeite im Werkzeugladen der Plastikfabrik Tama in Mishmar Ha'Emek

Wir haben Spaß, meine Freunde und ich

Der Cowboy von Mishmar Ha'Emek

Baden mit meinem Onkel Sandor im Jordan

Meine Freunde von der Nahal-Gruppe und ich in Mishmar Ha'Emek

gendwelche anderen Flausen, die ich vielleicht noch im Kopf hatte, und damit wurde meine Ausbildung zum Werkzeugmacher ernst.

Ich wohnte in meinem „privaten Haus", einer kleinen Holzbaracke, die im Winter nicht zu viel Nässe herein ließ und im Frühling angenehm war. Dann musste ich umziehen. Eigentlich war es mein eigener Wunsch, da ich mich den bewaffneten Streitkräften oder einer Jugendgruppe, die in sechs Monaten zur Nahal-Einheit gehen würde, anschließen musste. Obwohl ich mich keinem von beiden gern anschließen wollte, um mich dann in einer mir total fremden Einheit wiederzufinden, entschied ich mich für die Jugendgruppe und damit sechs Monate länger „in Freiheit" zu bleiben. Da ich jetzt Mitglied dieser Gruppe war, hatte ich auch alle dazugehörenden Verpflichtungen. Das bedeutete als Erstes, in die Gegend zu ziehen, wo alle anderen wohnten, und an ihren Aktivitäten teilzunehmen. Diese setzten sich zusammen aus allen möglichen linksgerichteten Indoktrinationsveranstaltungen, sportlichen Aktivitäten und gemeinsamen Übernachtungen.

Den letzten Punkt will ich genauer erklären: Die ganze Jugend dieser Siedlung lebte in einer Kommune. Da alle gleich waren, wohnten drei bis vier Jungen und Mädchen gemischt im Zimmer zusammen. Das ist, wenn man so aufgewachsen ist, nicht schlimm, aber damals war ich 18 Jahre alt, mit allem, was dazu gehörte. Allein die Vorstellung, sich abends fürs Bett ausziehen zu müssen … In der Situation bewahrheitet sich für mich die Redewendung: „Drei sind einer zu viel."

Wie bereits gesagt, fand ich es nicht allzu schwierig, sondern war es gewohnt, mich auf neue Situationen einzustellen. Außerdem lernte ich eine Menge neuer Freunde kennen, einschließlich einen vom anderen Geschlecht. Stellen Sie sich vor, Sie haben einen engen Freund und alle Zimmer sind „bilingual". Es stimmt zwar, dass wir uns auf einem Bauernhof befanden, aber ich verstehe immer noch nicht, was an Heuhaufen so romantisch sein soll. Es juckt und kratzt an den falschen Stellen zur falschen Zeit.

Meine Zimmergenossen und ich schlafen nach den Regeln
der Kooperative von Hashomer Ha'Tza'ir

Die Tour der Nahal-Gruppe durch Jerusalem

Noch mal: Ich gewöhne mich schnell an neue Verhältnisse. Dennoch glaube ich, dass ich nicht der Einzige war, dem es schwerfiel. Während dieser Zeit machte die Gruppe eine große Tour durch Jerusalem, die mir viel Freude bereitete. Einige Zeit später machten fünf von uns einen Ausflug nach Eilat, das etwas südlich gelegen ist. Zu der Zeit war der Weg zu Fuß kein einfaches Unterfangen. Die Straße endete in Be'er Sheba und die einzige Möglichkeit dorthin zu kommen war, in einem Armeefahrzeug mitgenommen zu werden. Damals war es auch möglich, einen Platz in einem Flugzeug zu bekommen, aber dafür hätten wir Zugang zum Flughafen in Tel Aviv haben müssen, und das war schwer zu bewerkstelligen. Die Rückfahrt war kein Problem, weil der Flugstreifen in Eilat von keinem Zaun umgeben war. Diese Innovation kam erst später.

Die ganze Kurzreise südwärts nahm drei Tage in Anspruch; nicht nur wegen der unwegsamen Pfade, sondern auch wegen des Verkehrsaufkommens. An einer Stelle warteten wir vier Stunden, bis das erste Fahrzeug, ein amerikanisches Militärfahrzeug, mit sieben Insassen und drei Ölfässern beladen des Weges kam. Sie waren auf dem Weg zu einem Wasserbauprojekt im Norden von Eilat. Wir kamen dort um zwei Uhr morgens an und hatten keine andere Wahl, als uns zum Schlafen auf den Boden eines leeren Zeltes zu legen und zu versuchen, die Reise am nächsten Morgen fortzusetzen. Die Art und Weise, wie diese Kerle unsere weiblichen Kameradinnen anstarrten, jagte uns einen großen Schrecken ein. Es hat sich dann herausgestellt, dass sie seit mehr als zwei Monaten auf diesem Gelände waren und fast die ganze Zeit lang keine einzige Frau zu Gesicht bekommen hatten. Wir drei Männer hatten keine andere Wahl, als uns beim Wachdienst abzuwechseln, damit wir keine unangenehmen Überraschungen erleben würden.

Nachdem die Nacht friedlich zu Ende gegangen war, setzen wir unsere Reise südwärts fort und kamen am nächsten Morgen in Eilat an. Wir blieben dort zwei Tage, verbrachten die Zeit mit Schwimmen und Faulenzen und machten uns schließlich auf den Weg zurück in den Norden. Erklärend möchte ich hinzufügen, dass Eilat im Jahr

Die Tour der Nahal-Gruppe durch Jerusalem

1951 lediglich ein Lager mit ca. 200 Soldaten und ein paar Zivilisten war. Das ist aus heutiger Sicht schwer zu glauben, da es sich jetzt um eine Stadt mit über 40.000 Einwohnern handelt.

Gegen Ende des Sommers bekam die Gruppe den Einberufungsbescheid und ich beschloss, dass sich ihr Zweck für mich erfüllt hätte, und kündigte meinen Dienst, um mir meinen Lebenstraum zu erfüllen, nämlich der Marine beizutreten. Mein Onkel hatte alles für mich arrangiert, da man zu der Zeit bei irgendeiner Einheit einen Freiwilligendienst absolvieren konnte, um dann an ganz anderer Stelle eingesetzt zu werden. Die ersten drei Monate waren Grundausbildung auf einem Infanteriestützpunkt. Damals war diese Vorgehensweise Standard, um sicherzustellen, dass jeder in erster Linie ein Soldat war, unabhängig von seinem späteren Tätigkeitsbereich. Die Grundausbildung war nicht einfach, weil eines ihrer Ziele war, uns in die Lage zu versetzen, in der man jedem gegenüber Hass empfindet. Es gibt keinerlei Bequemlichkeit. Normalerweise bist du so verdammt müde, dass du dich nur noch in die Falle hauen willst und hoffst, dass sie morgens vergessen, dich zu wecken.

Der Ausflug nach Eilat

Aber wie es so schön heißt, alle schlechten Dinge gehen eines Tages zu Ende, und unser letzter Tag kam; jedoch nicht ohne Schwierigkeiten mit sich zu bringen.

Als Erstes wollte die Militärpolizei mich (immer noch auf der richtigen Seite) als Berater einsetzen. Die Fallschirmjäger versuchten mich davon zu überzeugen, dass der Sprung aus dem Flugzeug bei einer Höhe von etwa 800 Fuß (knapp 250 m) ein berauschendes Gefühl wäre, und als letzte Variante wollte der Befehlshaber der Grundausbildung mich als Ausbilder dort behalten. Heiliger Strohsack! Was hatte ich den Kerlen bloß angetan, um es zu verdienen, so schlecht behandelt und daran gehindert zu werden, als ganz normaler Seemann zur See zu gehen? Zum Glück gab es jemanden, der wusste, dass, sobald ich meinen Bescheid hatte, nur ich eine Änderung bewirken konnte, egal was andere mir androhten. Also blieb ich standhaft und machte mich auf den Weg zur Marinebasis in Haifa.

Ich kam dort am späten Vormittag an und als Erstes stellte ich mich im Empfangszentrum für neue Rekruten vor. Ich wurde gefragt, ob ich irgendwelche Präferenzen für meinen Einsatz hätte.

Eine Parade auf der Infanterie-Basis Bahad 4
(ich Zweiter in der dritten Reihe von links)

I.N.S. Misgav – K 30

Zu ihrer Überraschung fragte ich nach einem Posten auf einer Fregatte der Marine. Anscheinend wollten alle, die entgegen ihrem Wunsch zur Marine geschickt wurden, an einem Stützpunkt an der Küste eingesetzt werden. Ich war somit ein Ausnahmefall.

Ich bekam sofort meine Reisedokumente, und in kürzester Zeit ging ich an Bord der I.N.S. Misgav namens K 30. Ich hatte Glück, dass das Schiff zur Reparatur im Hafen lag und ich dadurch die Chance bekam, nach einem Radar-Lehrgang zu fragen. Sonst hätte meine Anwesenheit keinem etwas genützt.

Eigentlich hatte der Kurs schon ein paar Tage zuvor angefangen. Ich muss jedoch einen intelligenten Eindruck während des Interviews beim zuständigen Offizier hinterlassen haben. Also kehrte ich zur Marine-Akademie in Bat Galim zurück. Dort traf ich einen Mann namens Igo Melman, der später mein bester Freund werden sollte, bis er im jungen Alter von 54 Jahren verstarb.

Parade zum Unabhängigkeitstag, Tel Aviv 1952

Eigentlich trafen wir uns auf dem Weg zur Hütte, wo wir uns aufs Ohr legten und beide dadurch die ersten Lektionen verpassten. Es stellte sich heraus, dass er auch auf der K 30 angereist war. Während ich allerdings direkt vom Schiff kam, war er mit der „Brigg" (einem Zweimaster-Segelschiff) gekommen. Er war allein aus Australien eingereist und hatte sich der Marine angeschlossen. Seine Eltern folgten ihm knapp ein Jahr später. Natürlich bat er um Ausgang, um sie am Flughafen zu empfangen. Ihm wurden jedoch nur vier Stunden zugestanden, um zum Flughafen von Lod zu fahren, seine Eltern zu treffen und sich wieder zurückzumelden. Das ist selbst heutzutage kaum möglich, vor 50 Jahren war es absolut utopisch.

Um eine lange Geschichte kurz zu fassen: Die Vier bewahrheitete sich. Es wurden jedoch aus Stunden Tage, dafür wurde er mit sieben Tagen hinter Gittern „belohnt". Es dauerte nicht lange, bis wir in die Gruppe integriert waren. Wir fingen an, uns in Dinge zu vertiefen, die man als Teil des C.I.C.-Teams (Combat Information Center), zu Deutsch: Operationszentrale (OPZ), wissen musste; z.B. in die Komplexität der Elektronik, die relative Bewegung von Schiffen und die Bedienung unterschiedlicher elektronischer Apparate. Eigentlich wollte die Marine uns als eine Art Hilfsmechatroniker einsetzen und gleichzeitig als Teil des C.I.C.-Teams. Schlussendlich merkten sie aber, dass man nicht beides zur gleichen Zeit sein kann. Mir persönlich gefiel der Unterricht, aber einige Teilnehmer kamen damit überhaupt nicht zurecht. Dies hielt sie jedoch nicht davon ab, gute Radarlotsen und Plotter zu werden.

Heute wird alles mithilfe des Computers gemacht. Wir mussten damals zusätzlich seemännisches Geschick erlernen und trainierten ausgiebig, um körperlich fit zu sein. Alles in allem waren es gute und bewegte vier Monate, in denen wir anderen einige Streiche spielten, für die wir, wenn der Oberfeldwebel uns erwischte oder gekränkt war, teuer bezahlen mussten.

Während meines Dienstes auf der K 30

Das Leben auf hoher See

Das Leben auf hoher See

Diese schöne Zeit ging kurz vor dem Passahfest 1952 zu Ende und alle kehrten auf ihre diversen Schiffe zurück. Zu unserer Überraschung brachen wir ein paar Tage später nach Neapel in Italien

Das Leben auf hoher See

auf, um eine oder mehrere Wochen im Trockendock zu verbringen, da Israel zu der Zeit keine nennenswerten Werften besaß. März ist bekanntlich die stürmische Jahreszeit, und das Jahr machte in der Hinsicht keine Ausnahme.

Weil es sich um meine erste Fahrt auf einem so kleinen Schiff handelte, teilte ich viele meiner Mahlzeiten mit den Fischen im Meer. Gottseidank hatten sich meine Beine nach ca. einem Monat an den Wellengang gewöhnt und die Fische mussten von dem Zeitpunkt an hungern. Während unseres Aufenthalts im Hafen mussten wir arbeiten, aber um 4 Uhr nachmittags bekam die Hälfte der Besatzung Freigang, um sich die Sehenswürdigkeiten von Neapel anzusehen. Wir erledigten daher am Wochenende nur ein Minimum an Arbeit, weil die Hälfte der Männer an Land war. Im Großen und Ganzen genossen wir die Zeit, und glauben Sie mir, es ändert massiv das Ansehen eines Mannes, wenn er in Uniform an Land geht. Er leistet sich Sachen, an die der normale, anständige Bürger nicht einmal im Traum denken würde. Wir hatten sogar einen Jeep an Bord, mit dem die Küstenpatrouille sicherstellen sollte, dass wir uns in der Stadt ordentlich benehmen. Hierbei hatten wir den großen Vorteil,

Das Leben auf hoher See

Das Diplom „Ritter der Meere", das mir beim ersten
Überqueren des Äquators verliehen wurde

dass diese Kerle arbeiten mussten, während wir auf dem Wasser
waren. Lassen wir es bei der Feststellung, dass sie unter unserer Aufsicht nicht allzu hart arbeiten mussten. Wir wurden nicht einmal von
ihnen an Land „erwischt".

Man muss bedenken, dass wir die nüchternste Marine der Welt waren. Unsere Jungs hatten in den Jahren für Alkohol nichts übrig. Schließlich kam der Tag, an dem unsere Reparaturen erledigt waren, und wir legten Richtung Heimat ab. Wir kamen gerade rechtzeitig im Hafen von Haifa an, um unseren Heimaturlaub anzutreten und den Sederabend mit unseren Familien zu verbringen. Natürlich haben wir mit übertriebenen Schilderungen damit geprahlt, wie wir zu Spottpreisen Dinge erstanden und wie viel Geld wir durch den Verkauf unserer Zigaretten verdient hätten.

In der Mitte der Pessach-Woche meldeten wir uns zurück an Bord und die andere Hälfte der Gruppe bekam ihren Urlaub. Hinterher erwartete uns eine weitere Überraschung. Wir sollten den Unabhängigkeitstag vorbereiten. Jedes Schiff der Flottille hatte ein Kontingent zum Ausbildungsstützpunkt der Marine geschickt, um diesen für die Parade zum Unabhängigkeitstag in Form zu bringen. Dies bedeutete zwei Wochen lang Drill auf dem Paradeplatz, im Gleichschritt marschieren und unsere Sechser-Reihen so gerade wie möglich gestalten. Wir hatten die Ehre, einen der härtesten Anleiter der Marine für diese Parade zu bekommen. Da wir keine Infanteristen waren, durften wir viel mit unseren Gewehren in Kontrollposition laufen. Nach 30 Minuten war uns das Lachen vergangen.

Als der Tag, für den wir trainiert hatten, kam, wurden wir zum Versammlungspunkt gefahren. Kurz bevor der Marsch begann, fuhr einer unserer Trucks direkt von der Wäscherei kommend vor und brachte uns unsere strahlend weißen Uniformen. Ein Freund, der bei einer Luftwaffeneinheit marschierte, sagte mir hinterher, sie hätten gesehen, wie wir uns umzogen, und wussten, wir würden die Attraktion der Parade sein. Um sicherzugehen, dass es so kommen würde, hatten wir ein kunstvolles „Präsentiert das Gewehr!"-Salut einstudiert, um es beim Passieren der Zuschauertribüne des B. G. (unseres Premierministers) auszuführen. Wir beendeten unsere Runde und wurden bis zum nächsten Morgen mit Handgruß entlassen.

Wir begaben uns in die Stadt, um Bekanntschaften mit dem anderen Geschlecht zu machen, und hatten eine verdammt gute Zeit.

Mehr als ein Jahr verging mit dem ganz normalen Alltag bei der Marine. Ich bestand meine Prüfungen, wurde unbedeutender (auf Englisch: „petty") Offizier, und das Schicksal wollte es, dass man mich „C.P.O. = Chief Petty Officer" (Unbedeutender Erster Offizier) nannte. Zu meiner Abteilung gehörten die „Funker", Fernmelder, Radarbediener und etwas „Kleinkram" für Organisatorisches. Ich war der Einzige bei der Marine, der diesen Job hatte, obwohl ich immer noch Wehrpflichtiger und kein Berufssoldat war. Merkwürdig war, dass ich der Chef von Männern wurde, die mehr als 10 Jahre älter als ich und Berufssoldaten waren. Diese Männer hatten ihren Rang aufgrund ihres Berufes und wahrscheinlich gar kein Interesse, Befehlshaber zu werden. Für mich war es allerdings gut, und alle Offiziere an Bord waren überzeugt, ich würde mich, wenn die Zeit dran wäre, als Berufssoldat einschreiben.

Sechs Monate, bevor meine zweieinhalb Pflichtjahre zu Ende gingen, gab es noch einen aufregenden, aber zugleich traurigen Vorfall: Unsere Flottille war auf Manöver in der Ägäis, auf deren Inseln sich der Freigang gemütlich gestaltete. Eines Abends, während ich meine Runden drehte, bevor ich meine Wache 8 Minuten vor 12 begann, befand ich mich im Funkmelderbüro, als plötzlich SOS-Signale über unseren Mayday-Empfänger ankamen. Dieses Gerät ist immer auf Notruf-Wellenlänge eingestellt und wird niemals für andere Zwecke eingesetzt. In den ganzen zwei Jahren, die ich auf der K 30 war, hatte der Empfänger noch nie ein Geräusch von sich gegeben. Ich informierte sofort den Offizier, der den Kapitän benachrichtigte und den Leiter der Flottille, Kapitän Erel. Inzwischen erhielten wir weitere Informationen von der griechischen Marinestation in Athen über ein schreckliches Erdbeben, das sich auf den Ionischen Inseln ereignet hatte. Alle Marineschiffe, denen es möglich war, wurden gebeten, Hilfe zu leisten.

Kapitän Erel wies uns an, eine Nachricht nach Haifa, unseren Heimathafen, zu senden und um Instruktionen zu bitten. Dann befahl er, doch nicht auf Instruktionen zu warten, sondern mit Höchstgeschwindigkeit Kurs auf die heimgesuchten Inseln zu steuern.

Ein Offizier und Edelmann

Nun hatten wir ein Wettrennen mit der britischen Flotte auf Malta an der Hand. Wir wussten bereits, dass sie einen Lenkwaffenzerstörer der Daring-Klasse zum Ort des Geschehens schickten, und wollten vor ihnen dort sein. Früh am nächsten Morgen kamen

Mit meinem besten Freund, Igo

wir in der Adria an und fuhren mit Volldampf durch die südliche Ionische Inselkette. Von der Küste aus bekamen wir ununterbrochen heliographische Signale mit der Bitte um Hilfe. Uns wurde jedoch befohlen, in der Bucht von Argostoli, der Hauptstadt der Insel Kefalonia, Anker zu werfen. Diese Insel war die größte der Ionischen Kette mit einer Population von ca. 100.000 Menschen. Zu unserer Enttäuschung hatte der britische Zerstörer schon Anker gelegt.

Sie waren uns zwei Stunden voraus gewesen. Der kleine Hafenbereich war abgesperrt und wir gingen an die Arbeit. Dieses war dringend notwendig, weil ungezügelte Panik ausgebrochen war. Die Menschen versuchten, unsere Schiffe zu erreichen und um jeden Preis an Bord zu klettern. Hätten wir sie nicht aufgehalten, wären wir überschwemmt worden. Wie wir später herausfanden, waren 90 % der Insel zerstört worden und es gab ca. 4.000 Todesfälle. Die verschiedenen Marinen richteten ein gemeinsames Hauptquartier ein und legten auf diese Weise ihre Ressourcen zusammen. Die Engländer richteten ein Feldkrankenhaus, eine Feldküche, eine Entsalzungsanlage und vieles Weitere ein, das sie, bevor sie Malta verließen, aufs Schiff geladen hatten. Diese Möglichkeit hatten wir nicht gehabt, da wir vorher zwei Wochen auf Manöver in der Ägäis waren und demzufolge nur unsere Standard-Schiffsausrüstung an Bord hatten. Von unseren vier Schiffen blieb das Flaggschiff, die K 30, mit dem englischen Zerstörer in Argostoli. Die K 32 war ein Schiff mit Sanitätsausrüstung, das alle 24 Stunden 300 Verletzte nach Patras aufs Festland übersetzte. Die anderen beiden Schiffe sammelten Überlebende von den Stränden, wo immer man sie entdeckte. Diese Inseln sind alle gebirgig und die Straßen und Wege waren einfach ins Tal gerutscht. Zur Information: Die höchste Bergspitze der Insel liegt bei 1.600 m.

Ich möchte nicht weiter ins Detail gehen, aber ich war Zeuge sehr trauriger Momente, wo Ärzte eine rasante Entscheidung treffen mussten, wen sie retten sollten und wen zurücklassen, da für denjenigen ihrer Meinung nach keine Überlebenschance bestand. Ich hatte diese Position bekommen, da unser Doktor nur Hebräisch, Deutsch, Russisch und Rumänisch sprach. Die Engländer sprachen bloß Englisch. Also wurde ich zum „offiziellen" Übersetzer des Arztes ernannt. Wir haben schwer gearbeitet. Unsere Männer zogen viele Menschen aus den Trümmern, auch auf die Gefahr hin, dass Stehengebliebenes zusammenbrechen und uns auch begraben könnte. Die letzte Tatsache bekam ich aus erster Hand mit, als ich die Insel 48 Jahre später mit meinem Enkelsohn besuchte.

Ein paar Tage später, als wir nichts mehr tun konnten, lösten wir den Anker und steuerten heimwärts. Diese Aktion hatte eine Überraschung für uns auf Lager: Auf dem Rückweg wurden wir von König Paul von Griechenland eingeladen, Athen einen offiziellen Besuch abzustatten. Mit den Empfängen, der Stadtbesichtigung und dem Besuch der jüdischen Gemeinde schliefen wir 48 Stunden am Stück nicht. Ich freundete mich mit einem griechischen Matrosen an und wir hielten locker Kontakt, bis er vor ein paar Jahren starb.

Besuch in Athen auf Einladung König Pauls von Griechenland, der uns für die
Unterstützung beim desaströsen Erdbeben auf den Ionischen Inseln danken wollte

Wir kamen schlussendlich wieder in Haifa an und wurden von
Ben Gurion persönlich empfangen. Ein Nebeneffekt dieser Mission
war, dass Israel von Griechenland voll und ganz anerkannt wurde.

In der Synagoge von Athen mit Mitgliedern der dortigen Jüdischen Gemeinde

Eine weitere Sache, die mein Leben bis zu diesem Moment des Schreibens beeinflusst, ereignete sich noch vor meiner Entlassung: Für einige Differenzen mit unserem obersten Offizier – wobei mein nächst höherer Offizier mir zur Seite stand – wurde ich entschädigt und zehn Tage in ein Erholungscamp geschickt. Das bedeutete einen zehntägigen Aufenthalt mit Vollpension in einem offenen Hotel unter der Zuständigkeit des Militärs; inklusive aller Touren und Aktivitäten, die sie zu bieten hatten. Natürlich hätte ich auch nach Hause fahren können, aber warum sollte ich mir den Spaß entgehen lassen? Um die lange Geschichte abzukürzen: Dort traf ich meine zukünftige Frau. Nicht, dass es uns zu dem Zeitpunkt bewusst gewesen wäre, da jeder von uns einen Partner hatte. Dieser Teil meiner Biografie folgt später. Zwei Monate danach wurde ich entlassen und fand mich wieder unter den „Zivis".

Das bürgerliche Leben

Nun erkannte ich, dass das normale Leben ein ernstes Geschäft ist. Bis hierher war der Tagesablauf immer von anderen – der Marine, dem Kibbuz oder meinem Onkel – bestimmt worden. Jetzt lagen alle Entscheidungen, ob groß oder klein, bei mir allein und ich war verantwortlich für die jeweiligen Resultate.

Die erste wichtige Entscheidung war, welchen Beruf ich lernen sollte, der mein restliches Leben auf eine feste Grundlage stellen würde. Das hört sich wenig dramatisch an. Gibt es aber einen Konflikt zwischen dem, was man gerne tun würde, und dem, was einem mehr oder weniger ein ausreichendes Gehalt zum Leben ermöglicht, gibt es ein Problem. Dies betraf auch die zur Verfügung stehenden Finanzen fürs Studium. Eigentlich hätte ich gern Kunst studiert und wäre Grafikkünstler geworden. Auch wenn ich der Meinung bin, dass ich die Fähigkeit dazu gehabt hätte, fehlten mir die finanziellen Möglichkeiten. Das erste Problem bestand darin, dass ich nicht zu Hause bei meinem Onkel, seiner neuen Frau und ihrem Adoptivsohn leben konnte, da sie umziehen mussten. Die Fabrik, bei der er angestellt war, verlegte ihren Sitz nämlich nach Jerusalem. Ich hatte einen Studienplatz in Tel Aviv bekommen und auch einen Job, als Auszubildender auf Teilzeitbasis bei einem Grafikkünstler. Mich selber zu finanzieren, einschließlich der Miete, war bei dem Geld, das mir angeboten wurde, nahezu unmöglich.

Die Würfel waren gefallen und ich fing in der Kunststofffabrik, in der mein Onkel leitender Ingenieur war, an zu arbeiten. Verstehen Sie mich nicht falsch: Ich wurde nicht stellvertretender Direktor, denn mein Onkel besaß einen ziemlich strengen Charakter und zwang mich, selbstständig die Karriereleiter hochzuklettern. Ich war für die Werkzeugschale, ein großer Titel für eine kleine Ansammlung von Messinstrumenten, zuständig. Diese gab ich auf Verlangen den Arbeitern und als Pfand erhielt ich eine nummerierte Scheibe, um sicherzustellen, dass das, was ausgeteilt wurde, auch wieder zurückkam. Das war ein leichter Job, jedoch nicht für lange. Mein Boss – mein Onkel – fand eine große Kiste voller gebrauchter Fräswerkzeuge und zeigte mir, wie man sie schärft. Hiermit fing meine Werkzeugmacherlaufbahn an. Drei Wochen lang habe ich Fräser mit zwei, drei, vier und sechs Rillen geschärft, die entweder gerade oder spiralförmig gerillt waren. Ich kam so weit, dass ich nachts aus einem Albtraum über Fräswerkzeuge aufwachte. Aber ich muss zugeben, dass mir die Arbeit nach einem Monat gut gelang. Ich habe allerdings, um ehrlich zu sein, meinem Onkel in dieser Zeit einige Male einen neuen Namen gegeben, jedoch immer außerhalb seiner Hörweite. Ich fand nie heraus, woher er diesen ganzen Schrott hatte.

Einen Monat später fingen wir an, mit der Fabrik nach Jerusalem umzuziehen, und ich bekam meine erste verantwortungsvolle Stelle. Aus irgendwelchen unerklärlichen Gründen hatte mein Onkel mehr Vertrauen zu mir als zu den anderen und gab mir die Verantwortung für die Abwicklung der Jerusalemer Seite des Transfers, während er in Tel Aviv blieb. An einen Vorfall erinnere ich mich sehr gut. Wir platzierten die Maschinen nicht nur gekonnt an den richtigen Stellen des Fabrikbodens, sondern wir tarierten sie zusätzlich mithilfe einer Wasserwaage richtig aus. Dazu wurde Shim-Stahl an der richtigen Stelle unter die Maschinerie platziert. Es muss berücksichtigt werden, dass diese Teile einige Tonnen wiegen konnten. Wir setzten riesige Hebevorrichtungen ein, um die richtige Ecke anzuheben, und einer von uns schob ein kleines Blatt Metall unter die Maschine.

In diesem Zusammenhang möchte ich eine lange Geschichte in verkürzter Form erzählen. Ein Idiot passte nicht auf, die Maschine kippte um und wurde durch einen Vorsprung an der danebenstehenden Maschine daran gehindert, auf den Boden zu knallen. Ein „kleines", aber entscheidendes Problem war, dass der Kollege, der sich bückte, um den Stahl unter der Maschine zu platzieren, unter ihr gefangen war und nicht wieder herauskommen konnte, ohne von der umgekippten Presse abzurücken und dabei seine Beine zu zertrümmern. An dieser Stelle übernahm ich die Kontrolle und wägte die Situation ab.

Solange keiner etwas unternahm und der Kerl sich nicht rührte, war alles in Ordnung. Ich entschloss mich, starke Träger unter die Maschine zu schieben. Nachdem dieses erledigt war, zottelten wir den Eingeklemmten frei. Damit war die Geschichte jedoch nicht ganz zu Ende. Da es Mittagszeit war, gingen drei von uns, die in Tel Aviv wohnten, los, um etwas zum Essen zu besorgen. Der Verunglückte war einer von uns. Während wir aßen, erklärte der Dritte im Bunde, dass der Vorfall ein Grund wäre, um einen auszugeben. Somit war er damit dran. Leider kannten sie im kleinen billigen Restaurant keinen Courvoisier oder Remy Martin. Alles, was es dort gab, war Bananenlikör. Wir tranken drei Flaschen davon aus und zu meinem Erstaunen konnte ich nicht mehr auf meinen Beinen stehen, obwohl ich gedachte hatte, ich weiß, was ich tue. Wir schafften es dennoch, bei der Fabrik anzukommen. Vor Ort erwartete mich das nächste Problem. Zu meinen Aufgaben gehörte es alles zuzumachen, zu kontrollieren, dass alle Geräte ausgestellt und alle Türen abgeschlossen waren. In meinem Zustand war das gänzlich unmöglich. Ich überreichte einem der hiesigen Kollegen, dem ich vertraute, die Schlüssel und bat ihn, mir die Ehre zu geben, die Fabrik abzuschließen. Ich packte meine sieben Sachen und machte mich auf den Weg nach Hause, nach Ramat Gan (neben TA). Das Erste, was die Frau meines Onkels fragte, war: „Wo bist du gewesen? Du stinkst nach Alkohol!" Ich erklärte ihr, dass wir drei Stunden zuvor die beiden Beine eines Mitarbeiters gerettet hatten. Eine Woche später war die komplette Fabrik in Jerusalem angekommen und der Alltagstrott begann. Die einzigen Freizeitaktivitäten, denen ich nachging, waren Basketball im CVJM (YMCA)-Team zu spielen und ins Kino zu gehen.

Mitten im Sommer, nach dem Training beim „C" (Y), saß ich mit meinem Kumpel Igo in der „C" (Y)-Cafeteria, als ich aus dem Augenwinkel ein mir bekanntes Gesicht entdeckte. Igo und ich drehten uns um und stellten fest, dass die junge Frau, die wir sahen, acht Monate zuvor am selben Erholungscamp wie ich teilgenommen hatte. Wir wurden von ihr wiedererkannt und machten ein wenig Smalltalk. Sie und ich tauschten Adressen sowie Telefonnummern aus, dann ging jeder seiner Wege. Ich diskutierte über diese Begegnung mit meinem Kumpel und mit seiner Zustimmung entschloss ich mich, dieser alt-neuen Bekanntschaft namens Yael nachzugehen.

Das ereignete sich einige Wochen später, als ich nach Tel Aviv fuhr, um ein Geburtstagsgeschenk für meinen Onkel zu suchen. In Begleitung durch die Stadt zu laufen ist viel interessanter, und vom anderen Geschlecht begleitet zu werden ist noch viel besser. Nachdem ich ein Geschenk gefunden hatte, lud ich sie zum Mittagessen ein – zu meinem Erstaunen willigte sie ein. Nach dem Essen wurde ich zu ihr nach Hause eingeladen und lernte ihre Familie kennen.

Obwohl ich es damals noch nicht wusste, sollte es die einzige Begegnung mit Yaels Vater bleiben, da er kurze Zeit später im jungen Alter von 54 Jahren starb. Es ereignete sich nur ein paar Wochen, nachdem ich sie zum ersten Mal zu Hause besucht hatte. Ich hatte damals die Angewohnheit, direkt nach der Arbeit eine Ausgabe der Tageszeitung „Jerusalemer Post" zu kaufen, die ich in erster Linie zum Lesen der aktuellen Nachrichten auf dem stillen Örtchen brauchte (oder falls dieses nicht richtig ausgestattet war). Auf der Vorderseite befand sich ein Foto von Yaels Vater mit der Überschrift

„Bekanntgabe seines Todes" und ein Artikel über sein Lebenswerk als hebräischer Dichter. Erst da erfuhr ich, was er beruflich gemacht hatte und wie wichtig seine Werke waren.

Ich muss es nicht extra betonen, dass ich gleich am Freitag nach Tel Aviv fuhr, mir ein Zimmer in einem nahegelegenen Hotel nahm und der Familie mein Beileid aussprach. Am Samstag bin ich wieder hingefahren und habe Yael nach einiger Zeit vorgeschlagen, einen Spaziergang zu machen, um frische Luft zu tanken. Zu der Zeit war das Wohngebiet noch voller Orangenhaine. Wir nahmen die Abkürzung mitten hindurch und landeten bei den Bahngleisen. Dort entlang gingen wir einfach spazieren und unterhielten uns, während wir von einer Reihe zur anderen hüpften und uns im Anschluss wieder auf den Weg nach Hause machten. Ich glaube, die Samen für unsere Romanze wurden in dem Augenblick an dem Ort ausgesät. Es war zwar nichts Spektakuläres passiert und wir wussten noch nicht, dass es sich so ereignet hatte, aber ich vermutete es. Kurze Zeit später nahm Yael sich ein Zimmer in Jerusalem und begann ihr Studium an der dortigen Universität.

Von nun an blühte unsere Liebesaffäre auf und ein paar Wochen später machten wir ein gemeinsames Foto, das sie ihrer Mutter schickte. Diese überlebte den Schock, ohne Schaden zu nehmen, und die Geschichte nahm ihren Lauf wie viele ähnliche Geschichten auch. Wir beschlossen, den Sack zuzumachen, mussten allerdings damit warten, bis Yaels Vater ein Jahr tot war.

Wir entschieden uns schließlich für den 15. November.

Wie es mir in meinem vorherigen Leben schon häufiger ergangen war, beteiligten sich andere Parteien auch an meiner Lebensplanung. Zuerst wurde ich zu 30 Tagen aktivem Dienst einberufen, die Gottseidank zwei Tage vor unserer Hochzeit zu Ende gingen. Wir rechneten uns aus, dass die Zeit reichen würde, um alle alten Möbel, die meine Verwandtschaft uns für den Beginn unseres Ehelebens versprochen hatten, abzuholen. Ich füge hinzu, dass wir wirklich nur eine minimale Grundausstattung gehabt hätten, wenn wir alles hätten neu kaufen müssen. Yael hatte schon alles für unser gemeinsames Familienleben organisiert: einen halben Keller oder ein halbes Appartement, je nachdem, wie man es betrachtet, das was über oder unter der Erde liegt.

Aber die Dinge laufen niemals alle glatt und die Ägypter hatten anderweitige Pläne. Sie entschlossen sich, ein Bataillon von Infanteristen über die Grenze zu schicken, um ein Immobilienobjekt, das ihnen gefiel, zu besetzen. Natürlich war ich als Mitglied der Marine an dem Noteinsatz beteiligt. Um es kurz zu machen: Die meiste Zeit befanden wir uns auf hoher See und ich begann mir Sorgen zu machen, wo ich am 15. sein würde. Ich erklärte meinem Kapitän die Situation und er sagte, dass er mir freigeben würde, soweit es an ihm läge. Doch wie in aller Welt sollte ich den Hafen von Haifa erreichen? Die Antwort lautete, das sei mein Problem und ich könne nicht erwarten, dass er sich mitten in der Patrouille mit einer Fregatte samt 150 Besatzungsmitgliedern auf den langen Weg nach Haifa mache. Das Glück war auf meiner Seite und noch am selben Abend bekamen wir den Befehl, uns auf den Heimweg zu begeben, wo wir am nächsten Morgen ankamen.

70462 ✻

מדינת ישראל – משרד הדתות

תעודת נשואין

ה א ש ה	ה ב ע ל	פרטים אישיים
לַמְדֵן	שפירא לגלם	הזוג שם המשפחה
יעל	ג'ורג'	השמות הפרטיים
יהודיה	יהודי כהן / לוי / ישראל	העדה (הדתית) (מחוק את המיותר)
6.12.1934	1931	תאריך הלידה
סודאנית	מצרי	משלוח היד הנוכחי
ר"ג רח' אבן גבירול 4	ירושלים אבו טור 18/19	מקום המגורים לפני הנשואין
126291	140584/ר	מס' תעודת הזהות
		ההורים
יצחק למדן	אלכס נדר שפירא לגלם	שם המשפחה והשמות הפרטיים של האב
" ר ש	ר ה	שם המשפחה והשמות הפרטיים של האם
כהנ"ל		מקום מגוריו של האב
"		מקום מגוריה של האם
		משלוח ידו של האב
פקידה		משלוח ידה של האם
ב'	א'	העדים
ערליך משה יצחק	הרב שמואל אברמוביץ	שם המשפחה והשמות הפרטיים
		משלוח היד

הריני מאשר בזה, כי הנשואין של הזוג הנ"ל נערכו ב... רמת גן.
(מקום החופה)
ביום שלושה עשר לחודש מ.ר.ן. תש"ו פה
15.11.1955 (מאחרת לענין)
ונרשמו בלשכת הרבנות ב... רמת גן.

Unsere Heiratsurkunde

Ich habe das Schiff in Rekordzeit verlassen. Zwei Tage später wurden wir im Rabbinatsbüro in Ramat Gan in Anwesenheit von zehn Zeugen in den heiligen Stand der Ehe zusammengefügt.

Von dort aus fuhren wir für einen Empfang und um etwas Spaß zu haben zum Haus eines Freundes der Familie. Am selben Abend kehrten wir in unser neues Zuhause nach Jerusalem zurück. Dort angekommen schliefen wir bis zum nächsten Morgen, standen auf und ich machte mich auf den Weg zur Arbeit und Yael zur Universität.

Es war gut, dass wir drei Monate vorher unsere Flitterwochen verbracht hatten. Hier bewahrheitete sich die Devise: „Man soll die Gelegenheit beim Schopf packen, wenn sie kommt."

Einige Monate passierte nichts Spektakuläres. Bis wir an einem Wochenende bei unserem Besuch von Ramat Gan etwas sehr Unan-

genehmes erlebten: Es war Samstag, der 27. Oktober 1956, 6:30 Uhr morgens. Es klingelte an der Tür. Draußen stand ein Mann und fragte nach Yael Lamdan. Wir hätten sagen können, dass es keine Yael Lamdan in dem Haus gibt, was der Wahrheit entsprach, da sie jetzt Yael Spiegelglas hieß. Wir waren jedoch von diesem so frühen Besuch derart überrascht, dass wir beide „ja" blökten. Er „stellte sich vor" und forderte Yael auf, ihn ins Kommunikationszentrum des Armeehauptquartiers zu begleiten. Natürlich stellten wir Fragen, um sicherzugehen, dass der Kerl den Rang besaß, den er vorgab. Aber ihr blieb keine andere Wahl, als mitzugehen.

Yael musste ihren aktiven Dienst antreten und ich fuhr nach Hause, um Unterwäsche und Wechselkleidung für sie zu holen. Yael hatte bei der Armee den Posten einer Funkerin im Signal-Corps inne und wurde als Reservistin in genau derselben Funktion eingesetzt. In der Zwischenzeit musste ich allen Nachbarn erklären, warum sie jetzt im Krieg „kämpfen" musste und ich zu Hause kochte, mich um den Haushalt kümmerte und zur Arbeit ging.

Mein Urlaub dauerte jedoch nur bis Montagmittag, als ich auch ein Telegramm erhielt mit dem Befehl, den aktiven Dienst anzutreten. Ich schätze, dass ich mich erleichtert fühlte, nicht mehr erklären zu müssen, wo Yael war und warum ich mich zu Hause aufhielt.

In derselben Nacht begann der Sinai-Krieg mit der Landung eines Fallschirms nicht weit vom Suezkanal und der Notwendigkeit, in Windeseile unsere Truppen zu den Ufern der weltberühmten Wasserstraße zu schaffen. Es ist nicht nötig, in die Geschichte dieses Ereignisses tiefer einzusteigen, außer zwei sehr persönlichen Situationen: Die erste betraf meine Lebenserwartung und die zweite war nur ein Schmerz im Nacken. Wir hatten am Militär-Kai festgemacht, als wir um Mitternacht den Befehl erhielten, unser Schiff um ca. 40 Meter nach vorne zu bewegen. 60 Minuten, nachdem wir dieses getan hatten, prasselten 47 Granaten herunter und landeten mitten im Hafengebiet; vier in diesem 40-Meter-Bereich. Sie waren eine Empfehlung des ägyptischen Zerstörers Ibrahim el Awal.

Hätten wir uns zufällig etwas später wegbewegt, wäre meine Autobiografie damit zu Ende gewesen. Die Aktion war vorbei und die Gerüchte, dass die Besatzungen der drei Fregatten nicht verabschiedet oder freigelassen würden, fingen an, ihre Kreise zu ziehen. Wir wussten, dass etwas vor sich ging, da wir alle mit neuen Uniformen, Unterwäsche, Schuhen, Arbeitskleidung und Aufgaben ausgestattet wurden, als ob wir unerfahrene Rekruten wären.

Am 26. November segelten wir los, Ziel unbekannt. Uns wurde lediglich gesagt, die Marine würde die Familien über das Notwendige in Kenntnis setzen. Ich fand später heraus, dass dieses nicht sehr ausführlich passierte. Yael war entlassen worden und zu Hause, als ein Offiziersanwärter kam und – Zitat: „Ihr Ehemann ist auf geheime Mission geschickt worden und Sie werden vielleicht sechs Monate lang nichts von ihm hören. Aber Sie bekommen eine monatliche Zahlung." Zitat-Ende. Das ist beruhigend, um es gelinde auszudrücken. Bei der Marine ist es Sitte, dass man nach dem ersten Tag auf See die Tatsachen über den Einsatz mitgeteilt bekommt. Wir waren auf dem Weg nach Cape Town und anschließend weiter nach Beira, Mosambik, Djibouti in Ostafrika, mit dem Endziel Eilat, südliches Israel. Die Reise hätte etwa sechs Wochen gedauert, wenn wir sie beendet hätten, was jedoch nicht sein sollte.

Heute fahre ich in fünf Stunden nach Eilat.

Am 29. feierte ich auf hoher See meinen 25. Geburtstag. Die zehn Kumpels in der Kabine hatten ein tolles Festessen für mich zubereitet, wobei ich nie erfuhr, wo sie das ganze gute Essen geschnorrt hatten. Alles, was ich wusste, war, dass einer Experte darin war, Schlösser zu öffnen, deren Schlüssel verschwunden waren.

Der erste Hafen zum Auffüllen der Benzintanks und unserer Vorräte war Palermo, Italien. Da wir nur 12 Stunden dort Aufenthalt hatten, bekamen wir nicht viel Freigang, um an der Küste entlangzugehen, aber wir konnten uns wenigstens die Beine ein wenig vertreten. Unser nächster Stopp für Vorräte war Dakar, Senegal, wo wir wieder etwas freibekamen, um Souvenirs zu kaufen und ein nichtmilitärisches Mahl zu uns zu nehmen. Dort lernte ich verstehen, warum die Franzosen dreimal täglich Brot kaufen. Als Delikatesse bekamen wir Baguettes für unsere Vorräte, die sich nach vier Stunden als herrliche Baseballschläger eigneten. Hier fanden wir auch heraus, warum wir zusätzlich zu unserer normalen Kluft weiße Sommeruniformen gestellt bekommen hatten.

Westafrika war eine besondere Erfahrung für mich.

Die nächste Teilstrecke, mit dem Ziel Cape Town, war lang. Wir überquerten den Äquator und wurden von denen, die das schon einmal gemacht hatten, in die Formalitäten eingeweiht. Die Zeremonie bestand aus einem Kniefall vor König Neptun, während seine Assistenten jemanden mit Schmiere aus dem Maschinenraum, Mehl, Wasser und noch anderem aus der Kombüse einrieben. Es gab keine Öffnung des Körpers, die nicht gut eingeschmiert war. Die Prozedur endete damit, dass die Person in eine Wassertrommel so häufig, wie seine königliche Hoheit Neptun es für angebracht hielt, eingetaucht wurde. Es sah sehr nach einem Racheakt aus. Alle, die Offiziere eingeschlossen, mussten die Prozedur über sich ergehen lassen, und Neptun besaß dazu anscheinend den entsprechenden Rang.

Schließlich kamen wir in Cape Town an und fanden durch die Tatsache, dass wir durch die halbe jüdische Gemeinde begrüßt wurden, heraus, wie geheim unsere Mission in Wirklichkeit war. Ich vermute, dass sie einen Repräsentanten im Marinehauptquartier oder bei den Sicherheitsdiensten hatten.

Das Erste, was wir taten, war, zum Friseur zu gehen, um das, was von unseren Haaren noch übrig war, schneiden zu lassen. Unser genialer Kapitän hatte entschieden, dass wir sogar auf dem Wasser gepflegt aussehen und vorbereitet sein sollten, an Land zu gehen. Jedoch gab es einen kleinen Haken, denn wir hatten keinen Friseur an Bord und mussten uns deshalb gegenseitig die Haare schneiden. Ich bin mir sicher, dass auf einem hin- und herschaukelnden Schiff kein Profi vom Land eine bessere Arbeit hätte machen können. Diese Umstände vertuschten die kurze Dauer unserer Ausbildung. Nachdem nun ein Profi die Dinge wieder ins Lot gebracht hatte, konnten wir uns bis zum nächsten Friseurbesuch viel Zeit lassen.

Nach zwei Tagen im Hafen wurde uns gesagt, dass wir auf neue Befehle warten sollten, die nach ca. sechs Tagen bei uns ankamen. Die jüdische Gemeinde in Cape Town hatte dadurch genügend Zeit, um uns zu verwöhnen, was sie auch tat.

Wir nahmen die neuen Befehle mit gemischten Gefühlen entgegen. Denn wir hatten eine angenehme Zeit in Cape Town verbracht, verpassten neue exotische Häfen und der Rückweg war furchtbar lang. Aber wir hatten keine Wahl und mussten den ganzen Weg zurück nach Haifa. Dabei machten wir wieder zwei kurze Zwischenstopps, nämlich in Dakar und zur Abwechslung in Neapel.

Schließlich, irgendwann Anfang Februar, legten wir im Heimathafen an und warteten hippelig auf unseren Freigang. Während der Zeit in Cape Town erhielten wir durch den diplomatischen Zustelldienst Post aus der Heimat und ich bekam eine Art Tagebuch von Yael. Eine der wichtigsten Nachrichten war, dass ich etwas Besonderes zurückgelassen hatte und wir bald Eltern sein würden. Ultraschalluntersuchungen existierten zu der Zeit noch nicht, so mussten wir uns in Geduld üben.

Ich, Yael (mit Tami) und eine Freundin

Bis ich wieder zurück sein würde, hatte sich Yaels Profil bestimmt schon verändert.

Es bildete sich erst am 27. Juli in den Originalzustand zurück, als wir stolze Eltern eines dreieinhalb Kilogramm schweren kleinen Mädchens wurden. Ein Sohn, der eigentlich Yaels Wunsch gewesen war, hätte mehr gewogen. Für mich war das Wichtigste, dass wir einen Erben hatten. Das Geschlecht spielte keine so wichtige Rolle.

Das Treffen mit meinem Vater

Das Leben verlief, wie es sollte. Das heißt, dass ich arbeiten ging und meine bessere Hälfte eifrig studierte, stillte und sich um unsere Tochter Tamar Miriam kümmerte, besser bekannt als Tammy. Irgendwann gegen Ende des Jahres 1957 oder Anfang 1958 bekam ich einen weiteren Anstoß. Yael hatte ihr Bankkonto bei der zentralen Filiale der „Bank Leumi of Israel". Eines Tages war sie vor Ort, um ein Dokument zu unterschreiben, immer noch mit unserem ursprünglichen Familiennamen Spiegelglas. Der Kassierer schaute hoch und fragte sie, ob Herr Spiegelglas in Haifa mit uns verwandt wäre. Er stellte mit Recht fest, dass es sich um keinen gängigen Namen handeln würde und er deshalb gefragt hätte.

Als ich die Neuigkeit hörte, geriet ich aus zwei Gründen in eine verzwickte Lage. Erstens wusste ich, dass mein Vater nach der Scheidung meiner Eltern nach Palästina gezogen war, aber ich hatte mich nie auf die Suche nach ihm gemacht. Der zweite Grund war, dass mein Onkel mir geradewegs gesagt hatte, dass für meinen Vater, sollte ich je zu ihm Kontakt bekommen, mein Status „nicht existent" sein würde. Was macht man in solch aussichtsloser Situation? Man verhält sich wie die meisten Leute in ähnlichen Situationen: Ich tat gar nichts. Aber das Schicksal wollte das nicht akzeptieren.

Eines Tages machte Yael eine Tour von der Universität aus in den Großraum Haifa, und eine der Fabriken, die sie besuchten, war Kaiser Ilin, ein Montagewerk amerikanischer Autos für das Mutterunternehmen in den USA. Der Bankkassierer hatte Yael erzählt, Mr. Spiegelglas sen. arbeite dort als Chef der PR-Abteilung. Die Versuchung war zu groß und trotz der Warnung meines Onkels trottete ich voran, in der Hoffnung, meinem Vater von Angesicht zu Angesicht zu begegnen. So einfach ist das Leben jedoch nicht. Wir fanden heraus, dass ein Mr. Spiegelglas als PR-Chef dort gearbeitet hatte, aber ins Shemen-Werk umgezogen war, wo Öl-Erzeugnisse produziert wurden.

Meine Töchter, die geliebten Enkeltöchter meines Vaters (von rechts):
Tammy, Dalit und Hadass

Dieser Spiegelglas war ein Cousin meines Vaters. Wir hielten uns ziemlich lange dort auf und ich erfuhr von der Emigration meines Vaters nach Australien zusammen mit seiner zweiten Frau und seiner jungen Tochter. Ich muss zugeben, mir gefiel der Gedanke, eine kleine Schwester zu haben, ganz gut, obwohl sie nur meine Halbschwester war. Der Cousin hatte keine Verbindung zu meinem Vater und konnte mir nicht helfen, sodass die Geschichte dort ein Ende nahm. Naja, nicht ganz. Es dauerte ein weiteres Jahr oder noch länger und eine zusätzliche Kontaktperson, bis mein Lebensweg und der meines Vaters wieder zusammentrafen. Da war ich mir immer noch unsicher, ob ich gerne Kontakt zu ihm oder er in der Sache auch seine Bedenken hätte. Es gab viel Unbekanntes, das auf beiden Seiten bedacht werden musste. Ich hegte Zweifel: Würde er sich interessieren? Wusste seine Frau Bescheid? Wusste seine Tochter Bescheid? War er reich und hatte Angst, ich würde Geld von ihm verlangen? Oder wollte er die Vergangenheit vergessen? Vielleicht war er arm und erwartete, etwas von mir zu bekommen?

Es wäre eine große Enttäuschung gewesen, wenn ich versucht hätte, ihn zu kontaktieren, und er kein Interesse gehabt hätte. Es gibt die Redewendung: „Was du nicht weißt, macht dich nicht heiß."

Wieder ließ ich die Dinge laufen und dachte nicht viel darüber nach, was gemacht werden sollte. Es herrschte also eine Art Stillstand, aber das Schicksal schaute schon um die Ecke. Es dauerte mehr als ein Jahr, bis es von ganz unerwarteter Seite einen Katalysator schickte: Eines Tages saß Yaels Tante, die in Haifa lebte, mit einigen Freundinnen beim Nachmittagstee. Die Konversation drehte sich um eine Erbschaft. Eine der Besucherinnen dieser Tee-Party erwähnte, dass eine ihrer Freundinnen eine Erbschaft nach Australien weiterleiten müsse. Das Problem war, dass es April 1948 war, ein Monat vor der Unabhängigkeit Israels und dem Ende des britischen Rückzugs. Das hieß, dass die Post und andere Regierungsbehörden im Umbruch waren. Während sie nach einer Lösung suchte, wie sie das Erbstück – ein Platinarmband – nach Australien schicken konnte, schlug ihr jemand vor, ins Reisebüro zu gehen und jemanden zu suchen, der in diese Richtung reist, in der Hoffnung, dass sie auf einen ehrlichen Menschen stoßen würde. Einige Zeit später kam ein Brief des Begünstigten bei ihr an, der ihr erzählte, dass er sein Eigentum empfangen hätte. Das war der Beweis, dass es sich um einen ehrlichen Kurier gehandelt hatte.

Sie haben es erraten: Aus dem Blauen fragte Yaels Tante nach dem Namen des Reisenden und bekam die Antwort „Spiegelglas". Sie sprang auf und erzählte allen, dass die Tochter ihrer Schwester mit einem Spiegelglas verheiratet wäre, aber wahrscheinlich aus einer anderen Familie. Nein, es war mein Vater. Damit war zumindest eines meiner Bedenken ihm gegenüber aus dem Weg geräumt. Er war ein ehrlicher Mann. Jedoch war das „Protokoll" der Teerunde kein Staatsgeheimnis und drang zu einer gewissen Mrs. Singer vor, die zufällig die erste Cousine meines Vaters war und eine sture Frau. Sie wohnte auch in der Nähe jener Tante und nahm Kontakt zu ihr auf. Sie bat Yaels Tante, mir ihre Adresse zu geben, und sagte, ich solle bei erster Gelegenheit von der Information Gebrauch machen.

Sie erinnern sich bestimmt, dass ich bei der Marine oft als Reservist diente und Haifa mein Heimathafen war. Eines Tages verbrachte ich einen Nachmittag am Hafen und hatte einige Zeit Freigang, den ich nutzte, um Mrs. Singer zu besuchen. In dem Moment, als sie die Tür öffnete, wurde ich mit vielen „Ahs" und „Ohs" begrüßt, gefolgt von der Schilderung, wie sehr ich meinem Vater ähneln würde. Erst als mein Vater und ich uns ein paar Jahre später trafen, merkte ich, wie recht sie hatte.

Ich gebe die Geschichte in Kürze wieder: In drei Stunden bekam ich die aktuellen Fakten über den Zweig des Spiegelglas-Clans in Sydney erzählt, einschließlich der Tatsache, dass sie jetzt den Namen Sills trugen. An der Stelle musste ich aufbrechen, aber nicht bevor ich die Adresse meines Vaters in Sydney bekommen hatte; mit dem Versprechen, dass ich ihr im Moment meiner Entlassung schreiben würde. Ich lud sie ein, jederzeit, wenn sie Lust hätte – auch ohne vorherige Ankündigung, nach Jerusalem zu kommen.

Ich verabschiedete mich und kehrte zum Schiff zurück. Ich löste jedoch nur die Hälfte meines Versprechens ein, nämlich entlassen zu werden. Aber das Schicksal wollte von alledem nichts wissen. Es arbeitet zwar langsam, aber es arbeitet. Ich weiß nicht genau, wie lange es brauchte, um das Projekt „Familientreffen" voranzutreiben. Doch ich vermute, es dauerte fast ein Jahr, bis es an einem Freitagnachmittag an unserer Haustür klingelte. Ich für mein Teil war gerade erst von der Arbeit nach Hause gekommen, um Yael mit steifem Rücken auf der Couch liegend vorzufinden, und Tammy, im Alter von zweieinhalb Jahren, hatte gerade eine verdammt gute Zeit. Hadass, drei Monate alt, war in ihrem Kinderbett und verbreitete einen penetranten Duft um sich herum. Ich hatte keine andere Wahl, als die Tür zu öffnen, und sah, dass „Haifa" nach Jerusalem gekommen war. Dort stand Mrs. Singer mit einem nicht kleinen Koffer und bereit, die Arbeit des Schicksals voranzutreiben. Ich informierte sie über unsere aktuelle Situation zu Hause und bat sie hereinzukommen. Ich weiß nicht, warum ich diese Reihenfolge wählte, aber vielleicht dachte ich an ein Wunder.

Yael, Dalit, Tammy, Hadass und ein grinsender Vater

Wie schon erwähnt, war Mrs. Singer eine energiegeladene (eine Abkürzung für „sture") Frau. Sie kam herein, stellte ihr Gepäck ab, rollte ihre Ärmel hoch und fing mit der Arbeit an. Wie in ihrem Beruf als Krankenschwester kümmerte sie sich als Erstes um Yale und massierte sie mit etwas aus ihrem Medizinschrank. Danach nahm sie die Küche in Angriff, wo das dreckige Geschirr aufgetürmt war. Dann ging sie zu den Kindern, wo andere Dinge gestapelt herumstanden. Wegen der Zeit eilte sie dann in die Küche zurück, um das Abendbrot zu machen. Dies alles geschah, während ich staunend da saß und nichts weiter tat, als Mrs. Singer zu sagen, wo alles hingehörte. Den Freitagabend und den ganzen Samstag verbrachten wir damit, uns über unsere Lebensgeschichten auszutauschen und einen kleinen Spaziergang durch die Nachbarschaft zu machen. Meine Probleme traten erst ans Licht, als der Sabbat vorüber war. Mrs. Singer holte einen Luftpostbrief heraus und stellte fest, ich hätte nicht wie versprochen geschrieben und müsse dieses sofort nachholen, weil sie vorher nicht abreisen würde. Das erklärte die Größe ihres Koffers. Um mir die Angelegenheit zu erleichtern, schrieb sie eine Art „Einleitung", machte den Sitz am Schreibtisch frei und sagte mir, jetzt sei ich an der Reihe. Ich versuchte ihr zu versichern, dass ich später schreiben würde, aber konnte sie nicht davon überzeugen. Es war inzwischen 8 Uhr und ich war vom Nichtstun ziemlich müde geworden. Bis Mitternacht war ich noch viel müder und kapitulierte schließlich vor der mächtigen, 30 Jahre älteren Mrs. Singer. Am nächsten Morgen reiste sie, mit dem Luftpostbrief im Gepäck, in Richtung Heimat ab.

Wir haben keinen Brief am nächsten Tag erwartet. An den darauffolgenden ungefähr zehn Tagen war mein erster Gang nach der Arbeit zum Briefkasten. Dann kam der Tag, an dem ein Brief mit einer Englisch geschriebenen Adresse, einer unbekannten Handschrift, aber einer eindeutig australischen Briefmarke im Briefkasten lag. Ich muss in einer Art Nebel gewesen sein, als ich ihn las, und kann mich nicht an seinen Inhalt erinnern oder was ich darauf antwortete. Der Kontakt war aber hergestellt!

Hier möchte ich hinzufügen, warum ich an das Schicksal glaube. Drei Dinge, die nicht in Verbindung zueinander standen, mussten passieren. Erstens: Während ich noch in den USA lebte, kurz vor unserer Abreise nach Israel, wollte mein Onkel mich adoptieren. Damit hätte ich den Nachnamen Benedik erhalten, wie meine Mutter mit Mädchennamen hieß. Er erklärte mir, dass ich automatisch amerikanischer Staatsbürger würde. Zweitens wäre ich sein Erbe und letztendlich wieder ein Benedik. Aber ich wollte ein Spiegelglas bleiben, und zur Enttäuschung meines Onkels blieb ich es auch. Wie erwähnt, haben sich die Lebenswege von meinem Vater und

Yaels Tante per Zufall gekreuzt. Die Geschichte hätte auch, ohne einen Namen zu erwähnen, erzählt werden können.

Nachdem ich den Schock, die Überraschung oder beides überwunden hatte, schaffte ich es, genügend Energie aufzubringen, um mich hinzusetzen und eine vernünftige Antwort zu schreiben. Das war das erste Mal, dass ich jemanden als Vater anredete. Natürlich brachte ich meine neu gefundene Familie auf den neuesten Stand bezüglich des Shefi-Clans. Als unsere Korrespondenz zur Routine wurde, enthielten unsere Briefe immer die allerneuesten Nachrichten. Ich entwickelte auch meine Beziehung zum Spiegelglas-Clan in Israel. Die Dinge nahmen eine ganz normale Form von Beziehung an, was sehr angenehm war. Sie schlossen die normalen Stationen des Lebens ein, z.B. Hochzeiten, Geburtstage und Bar Mitzvahs oder auch gemeinsame Treffen. Dies alles musste mit viel Vorsicht geschehen, damit mein Onkel im Dunkeln blieb.

Im Jahr 1962 fand eine Veränderung in der Benedik-Familie statt. Mein Onkel wurde für einige Zeit arbeitslos und ich vermute, dass seine Pension nicht der Höhe seines ehemaligen Gehalts entsprach. Meine Tante wollte Profi-Sängerin werden, sang beim „Voice of Israel"-Chor mit und hatte damit nur ein kleines Einkommen. Doch diese Tätigkeit lag weit unter ihren professionellen Fertigkeiten. Daher verließ sie 1962 Israel in Richtung Deutschland, um ihre dortigen Möglichkeiten zu erkunden, und nahm ihren Sohn mit. Die Abmachung war, dass sich mein Onkel ihnen bei Erfolg anschließen würde; sobald sie sich eingearbeitet, einen Platz zum Leben gefunden und der Sohn sich in der Schule eingewöhnt hätte. Keiner kennt die Notwendigkeit von Letzterem besser als ich. Aus der Retrospektive kann ich sagen, dass es der richtige Schritt gewesen wäre, wenn es nur um ihren Sohn, Shimon, gegangen wäre. Hier in Israel hatte er in der Schule viele Probleme, und zu der Zeit wussten nicht einmal die Profis immer die richtigen Lösungen. Tatsächlich studierte er später Elektronik, bekleidete gute Positionen in mehreren Unternehmen und ist genauso unabhängig geworden wie jeder andere von uns. Schon ab der Vorschulzeit war deutlich, dass er in technischen Dingen begabt war. In Deutschland konnte er dieses Talent ohne die wachsenden Probleme entfalten, die seine Aktivitäten – egal welcher Art – immer überschatteten.

Lassen Sie mich jetzt aber zu meiner Geschichte zurückkehren. Nach ein paar Monaten war es soweit, dass mein Onkel entscheiden musste, ob er in das Land zieht, das ihm sicher überhaupt nicht gefiel und von dem er gedacht hatte, er würde nie wieder dort leben. Das war im Frühling 1963. Ich fuhr ihn nach Haifa (in jenen Tagen reisten die Menschen eher auf dem Wasser als durch die Luft), dort trennten sich unsere Wege. Er war erst 67 Jahre alt, als er Israel verließ, und es kam mir überhaupt nicht in den Sinn, dass ich ihn nie wiedersehen würde. Er war sein ganzes Leben lang starker Raucher gewesen und sechs Monate, nachdem er in München gelandet war, bekam er die Diagnose Lungenkrebs. Als die Ärzte anfingen, ihn zu operieren, sahen sie, dass die Krankheit ein Stadium erreicht hatte, wo es kein Zurück mehr gab. Die Lungen existierten nicht mehr. Ich weiß nicht, ob er wusste, wie krank er wirklich war. Ich kam zu dieser Schlussfolgerung, als er mir ein bis zwei Tage vor seinem Tod einen Brief schrieb, der ziemlich optimistisch klang. Die Handschrift jedoch war nahezu unleserlich, was mir seinen realen Zustand vor Augen führte. Unglücklicherweise war das Reisen zu der Zeit nicht einfach, und ich war nicht in der Lage, alles stehen und liegen zu lassen, um ihn noch einmal zu sehen.

Nachdem ich diesen plötzlichen Schock überwunden hatte, kehrte das Leben zur normalen Routine zurück. Natürlich dauerte es ziemlich lange, bis ich diesen tragischen Verlust akzeptieren konnte; denn er war das einzige mir nahestehende Familienmitglied, das ich seit meinem dreizehnten Lebensjahr kannte. Aber die Zeit ist in zweierlei Hinsicht ein wunderbarer Heiler: Erstens gewöhnt man sich an den Gedanken und zweitens erinnert man sich normalerweise an die positiven Aspekte einer zu Ende gegangenen Beziehung.

Das Leben kehrte also wieder zur normalen Routine von Arbeit und Familie zurück, wobei Familie eigentlich auch Arbeit bedeutet, jedoch ohne Bezahlung. Ich weiß, dass diese an sich ihren Wert besitzt, der nicht in Geld gemessen werden kann, aber in Goldstücken.

Das dritte Goldstück kam am 6. November 1964 bei uns an. Sie wog über drei Kilo und bekam den Namen Dalit. Nun waren wir eine fünfköpfige Familie.

Im Jahr 1965 bekamen wir einen Brief von meinem Vater, in dem er uns mitteilte, dass er plane, im Sommer nach Israel zu kommen, um unsere Familie zu treffen. Natürlich war die ganze Sache sehr aufregend und wir versuchten, uns auf dieses Treffen von Angesicht zu Angesicht vorzubereiten. Wir korrespondierten schon seit einigen Jahren, aber das war der Höhepunkt unserer Beziehung. Ich muss dem hinzufügen, dass ich nicht weiß, wie ich mich verhalten hätte, wäre mein Onkel noch am Leben gewesen. „Glücklicherweise" ist mir dieses Dilemma erspart geblieben.

Ich erinnere nicht mehr das genaue Datum der Ankunft meines Vaters in Israel, aber es war auf jeden Fall in den Sommermonaten.

Im Sitzen (von rechts): Yaels Mutter, mein Vater und seine Frau;
im Stehen (von rechts): Hadass, Tammy und Dalit

Mein Vater mit Ehefrau, Rina, ich und Tammy

Da unsere Wohnung beengt war und die Anzahl der Bewohner reichlich, entschlossen wir uns, ein Zimmer in einem kleinen gemütlichen Familienhotel zu mieten, das zu Fuß gut erreichbar war.

Als der Tag und das Flugzeug kamen, fuhren wir zum Ben-Gurion-Flughafen, um meine Eltern in Empfang zu nehmen, die ich noch nie gesehen hatte. Unser Willkommenskomitee bestand aus vielen Mitgliedern des Spiegelglas-Clans, die in der näheren Umgebung wohnten, was gut war, da ich nicht einmal wusste, wie ich die Ankömmlinge anreden sollte. Der Eine war mein richtiger Vater, aber die Zweite meine Stiefmutter. Wie also redet man sie an?

Ich war in einer Art Wachkoma und habe keinerlei Erinnerungen.

Ich habe unsere Gäste begrüßt, aber im Auto redete ich nur mit meiner Stiefmutter. Yael kümmerte sich um meinen Vater. Wir kamen schließlich gegen ein Uhr nachts bei uns zu Hause an und mein Vater musste unbedingt einen Blick auf seine einzigen Enkelkinder werfen. Ich wollte sie wecken, aber davon wollte er nichts wissen. Also machten wir uns auf den Weg zum kleinen Hotel, damit sie endlich schlafen konnten. Wir verabredeten, dass sie sich ausruhten und, wenn sie soweit wären, zu uns zum Frühstück kämen.

Wir würden dann die Aktivitäten für den Tag planen, obwohl wir todmüde waren, da wir erst um zwei Uhr morgens eingeschlafen waren. Doch Ausruhen stand an dem Morgen nicht auf dem Plan.

Um ca. viertel vor sechs wachte Tammy, acht Jahre alt, auf und sagte, dass sie Angst hätte, weil ein fremder alter Mann auf den Stufen vor unserer Haustür sitzen würde, den sie noch nie zuvor gesehen habe. Wir wussten sofort, wen sie meinte. Anscheinend konnte mein Vater es kaum erwarten, die Kinder zu sehen, sodass er nicht schlafen konnte. Auf der anderen Seite wollte er aber auch keinen wecken. Wir erklärten den Kindern, wer der Herr vor der Tür war, und machten ihm auf. Soweit ich mich erinnern kann, ging er von einem Kind zum anderen und bewunderte das Shefi-Trio. Er musste erst verdauen, dass dieses seine Enkelkinder waren.

Nun begann der Prozess des Kennenlernens und es dauerte nicht lange, bis wir eine Familie waren. Für den Rest des Aufenthalts tourten wir durch die Umgebung und tauschten uns aus.

Dies war der erste Besuch meines Vaters in Israel. Als er es verlassen hatte, war es noch Palästina gewesen.

Schlussendlich kam der traurige Tag des Auseinandergehens und meine neue Familie musste wieder nach Hause fahren.

Bis zum heutigen Tag hält unser großartiges Verhältnis an. Es ist wahr, dass mein Vater im Februar 1980 im Alter von 74 Jahren verstorben ist, aber meine „Mutter" erreichte das hohe Alter von 100 Jahren und vier Monaten. Sie starb im Februar 2003. Es gelang mir, mit Dalit und dem letzten Zuwachs unseres Clans, Shaked, im Alter von neun Monaten, den 100. Geburtstag mit ihr zu feiern.

Im Jahr 1964 arbeitete ich bereits am Brandeis-Berufsausbildungszentrum, hatte die Aufsicht über die Werkzeug-Produktionsabteilung und bildete mich auf dem Gebiet der Präzisionsmechanik weiter, wo ich viel über optische Instrumente lernte. Zwei Jahre zuvor hatte ich mich am Jerusalemer Sitz des „Israel Institute of Technology" eingeschrieben, um ein Diplom in Ingenieurswesen zu machen. Da ich eine Familie zu versorgen hatte, besuchte ich einen vier Jahre dauernden Abendkurs. Anschließend musste ich ein technisches

Bei der Arbeit

Projekt präsentieren, das weitere zwei Jahre in Anspruch nahm. Nach meinem zweiten Jahr bekam ich von der „International Labor Organization" (Internationale Arbeitsorganisation, ILO) ein Stipendium für ein dreimonatiges Studium in Schweden. Dort fand das Studium nicht im Klassenzimmer, sondern im Betrieb statt. Ich besuchte zahlreiche verschiedene Fabriken jeweils für ein paar Tage und lernte viel über die Bedienung von Gegenständen, Werkzeugdesign, Produktionsausstattungen und machte Bekanntschaft mit neuen technischen Geräten. Ich verpasste zwei Monate meines Studiums, profitierte aber dafür vom Reichtum der Erfahrungen anderer.

Bis Anfang August war ich wieder zu Hause und wartete auf den allerersten Auftritt des fünften Mitglieds der Familie.

Aber lassen Sie mich jetzt zu einigen Höhepunkten unserer Familientreffen im Laufe der 15 Jahre nach dem ersten Besuch meines Vaters zurückkehren. Um mehr oder weniger chronologisch vorzugehen, fangen wir mit meiner kleinen Schwester an:

Sie ist eigentlich hier bei uns geboren, in dem Gebiet, das damals Palästina war. Im Alter von neun Jahren wurde sie nach Australien mitgenommen, einen Monat bevor der Staat Israel gegründet wurde. Das war für sie anscheinend Grund genug, hierher zu kommen, um uns einen Besuch abzustatten. Denn plötzlich hatte sie drei Nichten, einen Bruder und eine Schwägerin. Dies ereignete sich ein Jahr nach dem Besuch meiner Eltern. Wie man sprichwörtlich sagt, wir waren ohne Zweifel beide „aus dem gleichen Holz geschnitzt". Wo auch immer ich mit ihr zusammen hingegangen bin, sagte jeder, bevor ich überhaupt den Mund aufmachen konnte: „Du hast nie erzählt, dass du eine Schwester hast." Wie soll man kurz den Leuten seine Lebensgeschichte erklären? Ich sagte ein paar Sätze zur Erklärung und stellte die meisten Leute zufrieden.

Wir haben in Israel nicht wenige langweilige Nörgler. Ich habe ihnen normalerweise mit einem Witz den Wind aus den Segeln genommen, was sie zwar in den meisten Fällen nicht weiser machte, aber wahrscheinlich ließen sie sich sowieso nicht über irgendein Thema aufklären. Was meine Schwester angeht, muss Israel ihr wohl gefallen haben, denn sie blieb ein Jahr. Sie teilte sich eine Wohnung mit einer anderen Frau und bekam eine Arbeit, bei der sie ihre Englisch- und Hebräischkenntnisse einsetzen konnte.

Meine Schwester Rina und ich

An Letztere erinnerte sie sich aus ihren drei Jahren an einer pa-
lästinensischen Schule. Sie war ledig und wir hofften, sie würde
hier einen Partner finden und auf Dauer zur Jerusalemer Bevölke-
rung gehören, aber so funktionierte es nicht. Sie plante, kurz nach
unserem Unabhängigkeitstag 1967 das Land wieder zu verlassen,
was jedoch nicht sein sollte. Am 15. Mai feierten wir unseren 19.
Unabhängigkeitstag. In dem Jahr stimmten der gregorianische und
der hebräische Kalender überein, wie es alle 19 Jahre der Fall ist,
und die Regierung beschloss, die Militärparade in Jerusalem statt-
finden zu lassen. Weil die Stadt jedoch immer noch geteilt war und
die Waffenstillstandsvereinbarungen aus dem Jahr 1949 immer
noch in Kraft waren, durften wir keine bewaffneten oder motori-
sierten Einheiten in Jerusalem haben. Daher wurde daraus eine
kleine Marschparade. Diese Situation drückte natürlich ein wenig
auf unsere Stimmung, aber wir hatten keine andere Wahl. Ich erinnere mich, dass es ein Mittwoch war und keiner hatte die geringste

Ahnung, was uns in kürzester Zeit bevorstehen sollte. Am selben Freitag um 6 Uhr abends klingelte das Telefon und am anderen Ende sagte eine Stimme: „Hier spricht das zentrale Postamt. Sind Sie George Shefi? Ich habe ein Telegramm für Sie." Ich bejahte die Frage in dem Glauben, dass jemand mir vielleicht eine Erbschaft über einige Millionen US-Dollar hinterlassen hätte. Die unerwartete Antwort aber war: „Sie werden gebeten, sich unverzüglich bei Ihrer Einheit zu melden." Es brauchte ein paar Sekunden, bis ich wieder klar im Kopf war und dachte, jemand hätte sich einen schlechten Scherz auf meine Kosten erlaubt. Es gab nur eine Möglichkeit, dieses herauszufinden; das war, das Telegrafenbüro anzurufen und eine Wiederholung anzufordern. Ich dachte, sie würden mich auffordern, sie nicht weiter zu belästigen. Aber zu meiner Überraschung wurde die Nachricht, genauso wie ich sie zuvor gehört hatte, wiederholt. Da ich einer der Ersten war, die angerufen wurden, sagten alle, die ich anrief, dass es nicht sein könne, aber es stand nun einmal fest.

Ich sah keinen Sinn darin, um zwei Uhr morgens in Haifa anzukommen. Also verbrachten wir den Abend mit Nachbarn, und um Mitternacht packte ich meine Sachen, machte mir ein paar Brote und fuhr in Richtung Norden. Ich kam um ca. 4:00 Uhr morgens in Haifa an und um 9:00 war ich bereits an Bord eines 100-Tonnen-Patrouillenbootes, das die Wellen durchteilte.

Der Sechs-Tage-Krieg hatte für mich begonnen und dauerte bis zum 5. Juni, als wir am Hafen anlegten, um unsere Vorräte an Proviant und Treibstoff aufzufüllen. Zu meiner Überraschung wurde ich an Land zitiert und ein anderer Kerl als Strafe an Bord geschickt. Die Wellen und der Matrose kamen gar nicht miteinander klar, somit hatten viele Fische eine wunderbare Mahlzeit. Für mich war es ein Geschenk des Himmels, da ich, während Jerusalem bombardiert wurde, in ständiger Verbindung mit Yael stand.

Meine Schwester Rina war kurz davor, Jerusalem zu verlassen, verschob jedoch ihren Abflugtermin, um bei Yael zu bleiben, was für sie eine große Hilfe bedeutete und ihr ermöglichte, weiterhin als Mathematiklehrerin an der Highschool zu arbeiten.

Vier Tage später wurde Jerusalem wieder vereint. Da ich der Einzige war, der dort lebte, schaffte ich es, ein paar Stunden zwischen den Schichten frei zu bekommen. Das gab mir genau acht Stunden, um hin und zurückzukommen. Ich hatte meine Klapperkiste bei mir und schaffte die Tour in etwas mehr als zwei Stunden.

Als ich ankam, kletterten alle gerade aus ihren Luftschutzverstecken, was bei uns die Kellerwohnung war. Die Kämpfe und die Bombardierung Jerusalems hatten erst kurz zuvor aufgehört. Tatsächlich war eine Granate in die Wohnung im Obergeschoss unseres Hauses eingeschlagen. Wir wollten uns sofort die Altstadt ansehen, wo wir noch nie zuvor gewesen waren, die wir bis dahin nur durch Ferngläser gesehen hatten. Als wir den Original-Grenzübergang erreichten, wurden wir von der Militärpolizei angehalten, da keiner hindurch durfte. Es war noch nicht Landminenfrei und getarnte Bomben waren überall auf dem Platz verstreut. Ich wusste, dass eine kleine Nachbarschaftssiedlung ganz in der Nähe existierte, die über eine Barrikade erreichbar war. Ich war jedoch noch nie dort gewesen, obwohl sie schon immer zum israelischen Territorium gehörte. Ich sagte zum Soldaten „Shikum Hassidow", und zu meinem Erstaunen winkte er mich durch. Niemand sonst passierte die Absperrung. Wahrscheinlich dachten alle hinter mir, ich müsse eine wichtige Persönlichkeit sein. Wir fuhren zur Nachbarschaftssiedlung, und als wir wieder nach Hause kamen, hatte ich nur noch Zeit, mich zu verabschieden und zurück nach Haifa zu rasen.

Der Krieg ging drei Tage später zu Ende und im Gegensatz zu dem, was das Mal zuvor passiert war, wurde ich am Folgetag entlassen.

Das Leben ging für uns ganz normal weiter. Wir machten Ausflüge zu lokalen Orten, die bis dahin feindliches Territorium gewesen waren. Alles in allem genossen wir das Leben. Ich hatte meinen Arbeitsplatz gewechselt, blieb aber im gleichen Arbeitsfeld tätig.

Kurz nach dem Krieg entschloss sich meine Schwester, nach England zu fahren und anschließend nach Australien zurückzukehren.

In der Zwischenzeit waren die Umstände am Suezkanal in ziemlichem Aufruhr, da der Zermürbungskrieg in den ersten Zügen war.

בית הספר להנדסאים

מדינת ישראל

משרד העבודה
משרד החינוך והתרבות
המכון הממשלתי להכשרה טכנית

דיפלומה

ההנהלה ומועצת המורים של בית הספר מאשרים בזה כי

הטכניון
מכון טכנולוגי לישראל

הא/הגב׳ ‏שפי גיורא‏

למד בבית הספר להנדסאים ‏סניף ירושלים‏

גמר את חוק למודיו

במגמה להנדסאות ‏מכונות‏ מחזור ‏1‏ בשנת 1967

מלא כל דרישות המוסד ועמד בבחינות הסיום כפי שנקבעו על ידי הסמכות
הממלכתית הבוחנת מטעם משרד העבודה, משרד החינוך והתרבות והסתדרות
ההנדסאים והטכנאים ולאחר שהגיש/ה עבודת דיפלומה והנג עליה בהצלחה
בתאריך: ‏16.12.1969‏.

נתנים לו/לה דיפלומה זו ותואר

ה נ ד ס א י

ב״כ הטכניון

ב״כ משרד העבודה

אינג׳ גרשון הראל
מנהל ביה״ס

ניתן בחיפה ביום 25 לחדש ‏פברואר‏ שנת 1973

Ingenieurs-Diplom

181

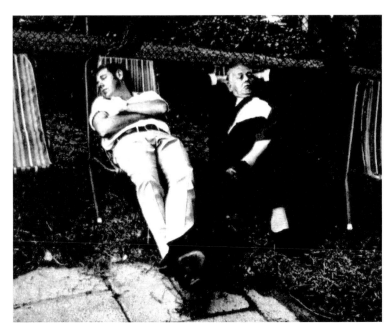

Mein Vater und ich in einem friedlichen Moment

Im Jahr 1969 kamen meine Eltern zu ihrem Standardbesuch, um sich an ihren Enkelkindern zu erfreuen und zu sehen, ob wir uns als Eltern richtig benahmen. Man muss sich vergegenwärtigen, dass sie unsere Eltern waren und wir in ihren Augen immer „ihre Kinder" sein würden. Im selben Jahr beendete ich mein Studium an der „Technion Engineering College" (Technischen Hochschule) und ging nach Haifa, wo das Institut seinen Sitz hat, bestand die letzten Examen und bekam mein Diplom.

Nichts Dramatisches passierte in den nächsten paar Jahren (Gott sei dank), aber das änderte sich im Jahr 1973 mit einer Racheaktion und vielen weiteren Aktivitäten. Es fing damit an, dass ich meine Anstellung als technischer Direktor bei der Firma, für die ich damals arbeitete, kündigen musste. Dieser Standort beschäftigte fast 100 Mitarbeiter und stellte elektrische Motoren für Klimaanlagen sowie ein Sortiment Kleingeräte her. Ich war für alle Werkzeuge, Designs und Wartungsarbeiten zuständig und machte zusätzlich

Arbeiten mit Metallen und Kunststoffen. Ich mochte meine Arbeit, da ich große Entscheidungsfreiheit genoss, einschließlich der Modernisierung des gesamten Produktionslayouts. Mein Chef sagte mir, er könne mich nicht für den Posten des stellvertretenden Direktors einsetzen, aber ich solle ohne offizielle Ernennung darauf hinarbeiten. Dieses bedeutete, dass ich in die Probleme des Managements reinschnuppern sollte. Hier kollidierte ich jedoch mit dem Chef-Buchhalter, der auch diese Ambitionen hegte. Bei diesem Aufeinandertreffen zog ich den Kürzeren. Der Bruch kam, als er sich in meine Team-Angelegenheiten einmischte und ich ihn aus der Fabrikhalle warf, zurück in sein Büro. Ein paar Tage später musste ich kündigen, da es keinen Sinn machte, weiterhin dort beschäftigt zu bleiben. An Ort und Stelle entschied ich mich, freiwillig zu gehen und mein eigener Boss zu werden. Zusammen mit einem Freund gründeten wir ein Ingenieur- und Designbüro.

Wenn man seinen eigenen Betrieb hat, muss man viel Sch…ß schlucken, aber es stammt zumindest vom eigenen Tun und nicht von jemand anderem. Die Dinge liefen ganz gut und wir entschlossen uns, auch in die Produktion einzusteigen.

Zu diesem Zeitpunkt veranstalteten meine Eltern einen ihrer Olympia-Auftritte (sie kamen alle vier Jahre). Es war Frühling, wir genossen die Gemeinschaft und unternahmen ziemlich viel in der näheren Umgebung. Eines Tages bot mein Vater mir einen Job an. Er wollte eine Europatour machen und brauchte einen Fahrer/Gepäckträger. Als Gegenleistung würde er alle anfallenden Kosten übernehmen, und um die Dinge noch verlockender zu machen, war Yael mit eingeschlossen, obwohl ich nicht weiß, in welchem Maß. Ein solches Angebot darf man nicht ausschlagen.

Nachdem wir den „Vertrag" unterschrieben hatten und bevor jemand es sich anders überlegen konnte, fingen wir an, unsere Reise zu planen. Wir waren sechs Wochen zusammen unterwegs und ich glaube, dass der Hauptzweck darin bestand, uns als Familie sozusagen auf neutralem Boden zusammenzuführen. Wir haben das Thema nie diskutiert und einfach das Beisammensein genossen, einschließlich der Meinungsunterschiede, die wir manchmal hatten. Danach waren wir – ob in guten oder schlechten Zeiten – wirklich eine Familie geworden, und ich glaube, man kann durch diese Episode erst begreifen, was für ein Typ Mensch mein Vater wirklich war. Man kann ein kleines Buch allein über diese Reise schreiben, über alle Ereignisse, die wir zusammen meisterten, ob mit- oder gegeneinander. Ein Beispiel, das diesen Punkt unterstreicht, war, als wir (bzw. ich) einen Unfall hatten und drei Tage lang kein Auto besaßen. Die verbale Ohrfeige, die ich von meiner Stiefmutter erhielt, war eine klassische Reaktion. Als sie sich jedoch alles von der Seele geredet hatte, ging es weiter, als wäre nichts passiert. Das ist ein Charakterzug, den ich sehr mag. Dagegen war mein Vater ruhig und praktisch veranlagt, er sagte nie ein Wort.

Sie dürfen nicht denken, dass ich ein leichtsinniger Autofahrer bin. Genau genommen war es meine Schuld, aber ich war den ganzen Tag Auto gefahren, und es war bis zum Anschlag voll gepackt. Somit waren meine Reflexe und mein Urteilsvermögen nur zwei Sekunden zu langsam oder das Auto um einige Kilo zu schwer.

Alles in allem fuhren wir in diesen sechs Wochen durch Nordfrankreich, die Schweiz, Deutschland, Dänemark, Norwegen, Schweden, noch einmal Deutschland, Holland, ein kleines Stück Belgien und dann zurück nach Paris, wo wir uns trennten und alle sich auf den Heimweg machten. Eigentlich stand noch St. Petersburg – damals Leningrad, wo mein Vater geboren ist – auf dem Plan. Das war aber zu viel.

1973 war noch nicht zu Ende und wir hatten noch einen Schicksalsschlag vor uns. Ende September wurde ich für meinen jährlichen Reservistendienst für 42 Tage einberufen, die ich im südlichen Hafen von Eilat absolvierte. Jeder aus der Reserve-Einheit bekam in dieser Zeit vier Tage frei. Die einzige Kontroverse war, ob wir nach Hause fahren durften oder, wie es der Vorstellung der Marine entsprach, vier einzelne Tage in Eilat bekamen. Der Hintergedanke der Marine war, uns alle sieben Tage eine erholsame Nacht zu ermöglichen, da alle unsere Aktivitäten nachts stattfanden.

Doch hatten alle von uns Familien und wollten die Zeit bei ihnen zu Hause verbringen. Deshalb entschieden wir uns, die Zeit im Stück zu nehmen und niemandem davon zu erzählen, da jede Position voll besetzt sein würde.

Jetzt war mein Glück, dass ich als Erster für den Freigang gelost wurde. Also machte ich mich auf den Weg nach Jerusalem. Das bedeutete, dass ich am heiligsten Feiertag, nämlich den Yom Kippur, zu Hause sein würde. Ich konnte natürlich nicht ahnen, dass ich diesen Urlaub nicht beenden und die anderen ihn gar nicht erst antreten würde/n. Am ersten Tag holte ich meinen Schlaf nach und der nächste wurde mit Vorbereitungen für das Fest zugebracht. Ich habe nicht den ganzen Tag gegessen, sondern die letzten Einkäufe getätigt und geputzt.

Zur Erklärung für den Leser, der sich nicht mit diesem heiligsten Feiertag auskennt: Es ist der einzige Tag im Jahr, an dem buchstäblich das ganze Land geschlossen hat – kein Fernsehen oder Radio und keine Autos auf den Straßen. In diesem Jahr fiel das Fest auf einen Samstag und alles war still. Plötzlich, um zwei Uhr nachts, heulten die Luftangriffsirenen los und ein paar Augenblicke später fuhren schon Autos auf den Straßen. Man konnte hören, vielleicht sogar auch fühlen, wie die Stadt zum Leben erwachte. Sobald die Sirenen ertönten, schalteten wir unseren Rundfunksender ein und sie berichteten bereits, dass die Ägypter den Kanal überquert hatten und die ganze Strecke entlang schwere Gefechte im Gange waren.

In 10 Minuten hatte ich gepackt, Hadass hatte mir ein paar Sandwiches gemacht und los ging's, zurück zu meiner Einheit. Ich hatte Yael versprochen, nicht den Weg via Totes Meer zu wählen, da das hieß, feindliche Territorien zu durchqueren. Unter Umständen hätte es unangenehm werden können. Somit nahm ich den Umweg und belud mein Auto unterwegs mit einigen Kerlen, die zu ihren jeweiligen Einheiten zu Fuß unterwegs waren. 50 Kilometer nördlich von Eilat stießen wir auf eine Straßensperre. Nachdem wir erklärt hatten, wo wir hinwollten, und ihnen unsere Waffen gezeigt hatten, waren sie davon überzeugt, dass wir uns nicht im Dunkeln verfahren würden. Dementsprechend winkten sie uns durch. Dieser Umstand war der Tatsache zu verdanken, dass die Straße nah der jordanischen Grenze verlief und keiner wusste, wie sie reagieren würden.

Jedenfalls erreichten wir alle unsere Einheiten und der Rest dieses Zeitabschnitts ist in Geschichtsbüchern gut dokumentiert.

Es bleibt noch zu sagen, dass wir schließlich von einer neuen Besatzung abgelöst wurden und nach Hause fuhren.

Das Leben verlief in gewohnten Bahnen weiter und im Jahr 1975 beendete Tammy, unsere älteste Tochter, drei Monate bevor sie zur Luftwaffe eingezogen wurde die Highschool. In diesem Sommer schickte mein Vater uns zwei Flugtickets für einen Australienbesuch. Der Grund dafür war neben dem Wunsch, uns zu sehen, dass wir rüberfliegen, uns das Leben dort genauer ansehen und uns vielleicht entschließen würden, ein paar Jahre „Down Under" zu leben. Natürlich kam diese Option für uns nicht infrage, da wir uns nicht erst an ein einfaches Leben gewöhnen wollten, wenn es danach schwer würde, dieses wieder aufzugeben.

Yael wollte die Kinder nicht alleine lassen, da wir erst kurz vor dem Yom-Kippur-Krieg von unserer Europareise wiedergekommen waren. In dieser schwierigen Zeit war es für sie aber nicht schwer zu verkraften, ohne uns zu sein.

Das Ergebnis war, dass ich mit Tammy anstelle von Yael reiste. Es war eine Art Geschenk für Tammy zum bestandenen Schulabschluss – und es war eine gelungene Reise. Wir bekamen viel zu sehen und hatten einige lustige Erlebnisse, z.B. als beim Einchecken in einem Motel eine ältere Frau mir einen schiefen Blick zuwarf, als ich im Zimmer mit Tammy verschwand. Die Frau muss gedacht haben, wie empörend das Verhalten dieses alten „Nicht-Gentlemans" war, die Jugend zu verderben. Als ich ihr erklärte, die junge Lady sei meine Tochter, die anderen seien meine Eltern, merkte ich einen Seufzer der Erleichterung und ihr Gesicht leuchtete. Einige Leute können nicht zulassen, dass andere sich freuen.

Alles in allem hatten wir eine erfolgreiche Reise, und mein Vater freute sich, Dinge zu tun, für die er, bis Tammy kam, keine Ent-

Alexander Spiegelglas und seine Ehefrau Claire

schuldigung hatte, sie zu tun. Ein Beispiel dafür war das Fahren mit der langen Achterbahn beim Jahrmarkt. Wir machten viele Ausflüge und schauten uns viele Orte an. Australien ist ein riesiger Kontinent und wir müssen auf unserer Reise ungefähr 5.000-7.000 Kilometer zurückgelegt haben.

Nach sechs Wochen Australien kehrten wir ins reale Leben zurück, ich an meine Arbeitsstelle und Tammy trat der Luftwaffe bei.

Im Jahr 1977 statteten meine Eltern uns einen weiteren Olympischen Besuch ab. Aber wir nahmen es nicht so leicht, da wir sehen konnten, dass es meinem Vater nicht gut ging. Er schluckte sowohl morgens zum Frühstück als auch abends eine Menge Pillen. Ab diesem Zeitpunkt waren wir immer bei Anrufen oder einem Brief aus Australien erst einmal besorgt.

*Mit zunehmendem Alter erstaunlich mehr
äußerliche Ähnlichkeit mit meinem Vater*

Es kam das Jahr 1979. Yael und ich dachten uns, dass wir Sydney einen Familienbesuch abstatten sollten. Mein Vater war froh, dass wir kamen, und hatte den Plan, eine Bootsfahrt auf dem Fluss und einen Ausflug zum Great Barrier Reef nach Heron Island, das 70 km vor der Küste liegt, zu machen. Alle stimmten zu, aber unter der Bedingung, dass er von seinem Arzt das O.K. bekam. Schließlich handelte es sich um eine 3.500 Kilometer weite Rundreise und würde sehr anstrengend werden. Heron Island heißt in der Touristensprache „ein Tropfen im Ozean", das ist sie wirklich. Man kann in 20 Minuten einmal die ganze Insel umrunden. Keine Autos, Straßen oder Spuren von Zivilisation, außer den Mahlzeiten im Ferienhotel des Touristenortes. Eigentlich gab es nur drei Dinge auf der Insel, nämlich das Hotel, eine Meeresbiologie-Station und einen kleinen Fleck Dschungel, der morgens als Wecker diente.

Ich weiß nicht, um welche Zeit es losgeht, aber alle tropischen Vögel veranstalten am frühen Morgen eine unglaubliche Jamsession. Eine weitere Besonderheit ist, dass die Insel sich nur mit Regenwasser versorgt. Also werden alle Wasserhähne durch Brunnen betrieben und alle Dächer haben Vorrichtungen, um das wertvolle Nass aufzusammeln. Die gesamte Insel ist umgeben von Stränden und großen Riffen. Man läuft fast den ganzen Tag nackt durch die Gegend – und wenn man möchte, kann man das Wort „fast" auch streichen.

Yael und ich beschlossen, ein wenig im Riff zu wandern, was hoch angepriesen wurde, da das Riff sich bis auf ca. einen Kilometer vor der Küste erstreckte. Hierfür wurden wir mit alten Sneakers und einem Wanderstock ausgerüstet. Eigentlich wäre ein Rettungsring besser gewesen, aber dazu später mehr.

Am Anfang unseres Aufenthalts wurden wir mit vielen Informationen gefüttert, einschließlich der Gewohnheiten und Geschmacksvorlieben von Haien. Zum Beispiel, dass nur Riffhaie sich in den Riffen aufhalten und nur Plankton sowie kleine Fische fressen. Sie sind jedoch sehr groß und haben eine Länge von ca. drei Metern. Keiner hat etwas über den Unterschied zwischen Ebbe und Flut erwähnt, was wichtig gewesen wäre, wie wir gleich sehen werden.

Als wir die Riffwanderung antraten, war es bereits später Nachmittag, aber wir dachten, es wäre ein einfaches Unterfangen, zu den Brechern hin- und zurückzuwandern, da das Wasser uns nur bis zu den Knien reichte. Nachdem wir eine ziemliche Entfernung hinter uns gebracht hatten, merkten wir, dass das Wasser mit rotem Staub bedeckt war und plötzlich tiefer wurde. Dieser Umstand machte das Gehen schwierig, da wir nicht sehen konnten, wo wir unsere Füße hinsetzten. Wir merkten, dass die Strömung die Richtung geändert hatte und sich zurück zur Küste bewegte. Wir waren dennoch nicht panisch, was sich in dem Moment änderte, als wir in zwei Metern Entfernung einen drei Meter langen Hai entdeckten; trotz allem, was der Reiseleiter zu den Fressgewohnheiten dieser Haie gesagt hatte.

Irgendwie fassten wir unseren ganzen Mut zusammen und machten uns so leise wie möglich im Wasser, das uns bis zur Taille ging, auf den Weg zurück zum Strand. Ich hoffe innigst, der Hai konnte seine Plankton-Mahlzeit genießen. Wir sahen auf dieser Kurzreise viele weitere Attraktionen, aber das war der Höhepunkt.

Während unserer Zeit in Australien schipperten wir noch den Hawkesbury River entlang – zusammen mit einem Ehepaar namens

Alexander Spiegelglas

Meisner, die gute Freunde der Familie waren. Es machte viel Spaß, da wir alles gleichzeitig waren: Passagiere, Steuermann, Deck- und Motorcrew, Köche und Kabinenstewards.

Wir warfen nachts Anker an einem speziell dafür eingerichteten Platz und hofften, dass keiner meinte, etwas von unserem Boot entwenden zu müssen. Vaters Arzt hatte uns angewiesen, so oft wie möglich anzulegen und ihn zu motivieren, an Land ein wenig spazieren zu gehen. Diese Anweisung befolgten wir treu und mein Vater musste sich fügen, da er es mit sechs Betreuern gleichzeitig zu tun hatte.

Schließlich kam der Tag, an dem wir abreisen mussten. Am Flughafen enttarnten sich unsere Ängste in einem Meer von Tränen, da wir das Gefühl hatten, dieses würde der letzte Abschied sein. Wir sahen, dass Vater in schlechter gesundheitlicher Verfassung war, aber er ließ sich die Freude über unseren Besuch durch nichts nehmen. Ich denke, er war von Grund auf Optimist, und glaube, ich habe diesen Charakterzug von ihm geerbt.

Yael war auf direktem Weg nach Israel zurückgekehrt. Ich wollte eine Ausstellung in Chicago besuchen, wo Verwandte von mir lebten, die ich noch nie getroffen hatte. Da ich schon einmal in den USA gewesen war, wollte ich unbedingt nach New Jersey, wo ich aufgewachsen war. Aufgrund der Beförderungsbedingungen meines weltweit gültigen Flugtickets stattete ich auch Vancouver und Toronto einen Besuch ab, was keine schlechte Idee war.

Ich kam schließlich Ende November wieder zu Hause an und alle Sorgen, die ich zurückgelassen hatte, waren wieder da.

Als Erstes auf der Agenda stand unsere jüngste Tochter Dalit. 14/15 ist ein Alter mit gegensätzlichen Interessen zur Altersgruppe der 40-/50-jährigen. Dalit beschloss, sie wolle nicht mehr zu Hause bleiben, sondern in eine Art Internat ziehen. Ich hatte Verständnis, dass es schwer ist, die Jüngste zu sein. Es gab keinen unter ihr, den sie herumkommandieren konnte. Alle Bosse waren über ihr – aber sie war nicht die Erste in dieser Position. Sie war in der Lage, ihre Schulnoten zum Besseren hin zu regulieren, um uns zu überzeugen, dass wir keine andere Wahl hätten, und hat es damit auch geschafft.

Die Ereignisse im Kibbuz, in den sie zog und den man ihr empfohlen hatte, waren Versagen, aber nicht ihrerseits. Das führte dazu, dass sich unsere Jüngste, bis ich zurückkam, dem süßen Nichtstun hingegeben hatte; was bedeutete: keine Schule, Arbeit oder Alltagsstruktur, außer mittags aufzustehen und nichts zu tun. Das konnten wir nicht akzeptieren und nach einiger Überzeugungsarbeit entschied sie, sich an der Schule der Luftstreitkräfte einzuschreiben.

Sie ermöglichten ihr den gesamten Highschool-Unterricht plus ein zusätzliches Jahr technische Ausbildung zur Elektronik-Spezialistin. Dafür musste sie jedoch ihren zweijährigen Wehrdienst absolvieren, plus drei Jahre bei der ständigen Luftwaffe. Das war für ein 15-jähriges Mädchen eine ganz schöne Entscheidung, die sie zu treffen hatte. Die vier Schuljahre waren schwierig für sie – nicht aufgrund des Curriculums. Das einzige Mädchen auf einer ansonsten reinen Jungenschule zu sein und noch dazu intelligent war für alle Beteiligten ein harter Brocken. Aber nach zwei Jahren wurden die Dinge zurechtgerückt, als drei ihrer Problem-Mitschüler die Examen nicht bestanden und hinausgeworfen wurden. Alles ist gut, wenn es gut endet. Sie schloss mit guten Noten ab – und traf ihren zukünftigen Ehemann dort, der auch bei der Luftwaffe war.

Nachdem wir das Problem mit Dalit gelöst hatten, kehrten wir zur Routine zurück, was zu unserem Leidwesen nicht lange anhielt.

Obwohl ich selbstständig war, erhielten mein Geschäftspartner und ich ein Angebot, das wir nicht ausschlagen konnten. Ein amerikanisches Hightech-Unternehmen wollte, dass wir und unsere Maschinerie Vollzeit für sie arbeiteten. Dieses Angebot bedeutete für uns, keinen Aufträgen und Zahlungen mehr hinterherrennen zu müssen, sondern rein professionelle Arbeit.

Eines Tages war ich kaum eine Stunde bei der Arbeit gewesen, als Yael hereinkam. Aufgrund ihres Gesichtsausdrucks wusste ich, dass etwas nicht in Ordnung war. Aus irgendeinem Grund war es der letzte Gedanke, der mir in den Kopf gekommen wäre, dass sie einen Anruf aus Australien bekommen hatte. Zwischen ihren Tränen drang jedoch die traurige Nachricht durch, dass mein Vater an Herzversagen verstorben war. Wir waren erst zweieinhalb Monate zuvor bei ihm gewesen und es war die letzte Sache, die ich erwartet hätte.

Ich eilte nach Hause, telefonierte mit Australien und fragte, ob die Beerdigung verlegt werden könnte, bis ich ankam. Nun liegt Sydney nicht gerade um die Ecke von Jerusalem, aber mein Reiseveranstalter organisierte alles. Er nahm auch Kontakt zum australischen Botschafter auf, der übers Wochenende nicht vor Ort war, da ich ohne Visum keinerlei Chance hatte. Außerdem war ich noch bei den Reservisten gelistet und musste mir die Erlaubnis einholen, das Land verlassen zu dürfen. Das bedeutete, auf nach Haifa oder eventuell Tel Aviv.

Zion, mein Geschäftspartner, unterstützte mich zu Hause dermaßen, ohne ihn hätte ich niemals alles geschafft. Er fuhr zum Reiseveranstalter, holte die Flugtickets und alle notwendigen Verwandtschaftsnachweise ab, kam zurück und fuhr mich zur Botschaft in Tel Aviv, von dort aus weiter zu irgendeinem Büro der Marine und dann zurück nach Jerusalem. Bis zwei Uhr nachmittags hatte er mich zum Flughafen gefahren und verabschiedete mich dort. Er war in der Tat ein wahrer Freund.

Der Flug einschließlich eines fünfstündigen Aufenthalts in Athen dauerte ungefähr 30 Stunden. Ich flog am Sonntag um 4 Uhr nachmittags israelischer Zeit los und landete am Dienstag um 8 Uhr morgens örtlicher Zeit in Sydney.

Ohne ins Detail zu gehen: Es waren traurige drei Wochen, die ich in Sydney verbrachte.

George Spiegelglas-Shefi

Expansion des Shefi-Clans

Die nächsten paar Jahre nahmen ihren normalen Lauf, soweit es in unserer Familie überhaupt möglich ist. Wir reisten ziemlich viel, auch nach Übersee, und nutzten dafür Yaels Geld, das sie für Konferenzen oder in ihrem Sabbatjahr von der Universität bekommen hatte. Natürlich musste sie mindestens zwei Monate vor Ort bleiben und forschen oder an Fachtagungen teilnehmen. Ich konnte mich nicht so lange von der Arbeit freimachen und hatte nichts bei den Tagungen zu tun. Aber ich schloss mich Yael bei den Abschlussveranstaltungen an, einschließlich netter Partys, gutem Essen und Tanzen. Mit anderen Worten, sich ein paar Reden anhören und eine höllisch gute Zeit verbringen – genau nach meinem Geschmack.

Im Jahr 1985 fand unser erstes großes Familienereignis statt. Im August feierten wir die zweite Hochzeit in unserer Familie (die erste war unsere eigene gewesen). Tammy und Eli entschlossen sich, den Knoten zuzubinden und ihren eigenen Zweig der Familie aufzumachen, natürlich unter einem anderen Namen. Das machte jedoch nichts, denn ein Baum ist ein Baum, auch wenn es eine

Eiche anstelle eines Kirschbaums ist. Dieser Zweig entwickelte sich über die Jahre zur fünfköpfigen Familie, angefangen mit Orr, der 1986 geboren wurde. Die Nummer zwei, Gil, kam 1988 zur Welt und der zeitlich Letzte, Ran, feierte 1992 seine Premiere auf der Erde. Um alles über dieses Trio aufzuschreiben, würde ein zweiter Band nötig sein, da sie sehr aktiv sind mit nahezu riskanten Unternehmungen. Ich wundere mich nur, wo sie diesen Charakterzug her haben. Die ganze Familie lebt in einer Farm-Siedlung und betreibt ein Straßenrand-Café. Als ob das nicht genug wäre, unterrichtet Eli, unser Schwiegersohn, Sport an einer großen Highschool 40 km entfernt von ihrem Wohnsitz. Es hat natürlich seinen Preis, eine solche Anzahl von Aktivitäten am Laufen zu haben. Yael und ich sind nicht immer damit einverstanden, aber ich habe auch nicht auf alle Ratschlage gehört, die Ältere mir gaben.

Da wir über die zweite Generation des Shefi-Clans reden, ist es an die Zeit, etwas über die Nächste in der Reihe zu sagen. Das ist Hadass oder offiziell Sgan Nitzav Hadass Shefi. Sie ist bei der israelischen Polizei tätig und hat dort den Rang, der einem Oberstleutnant gleichzusetzen ist. Sie ist von Beruf Anwältin und im Moment arbeitet sie in dieser Funktion bei den Streitkräften. Sie ist erfolgreich und investiert viel Zeit und Energie in ihre Arbeit.

Zum Schluss kommen wir zum „Baby" der Familie, das unser Leben schon immer „interessant" gemacht hat. Ich habe über einen Teil ihrer frühen Lebensgeschichte bereits geschrieben. Die Dinge haben sich jedoch weiterentwickelt, und um die Sache auf den neuesten Stand zu bringen, füge ich hinzu, dass ihr Zweig des Clans sich auch auf fünf ausgedehnt hat. Sie hat Gideon, den sie während ihres Dienstes bei der Luftwaffe kennengelernt hatte, geheiratet. Ihre drei Nachkommen sind allesamt kleine „Ladies": Dana, die Älteste, ist gute 11 Jahre und benimmt sich, als wäre sie die Chefin des Trios. Die Zweite, Adi, ist gerade dabei, die 1. Klasse und zwei Lehrer fertigzumachen. Sie hat die Stellung des „Sandwichs" inne, wie es bei allen Kinderpsychologen beschrieben wird. Da sie aber hochintelligent und aufgeweckt ist, findet sie norma-

Die Zusammenkunft der „Kinder"

*Der holländische Seemann überreicht mir das Schiffsmodell
in der Smitham School, Coulsdon, Februar 1944*

*Der Besuch der Smitham School 1989;
ich erzähle den Schülern die Geschichte des Schiffsmodells*

Schüler

Meine Begleiter an der Smitham School

lerweise wieder heraus, wo sie sich hineinmanövriert hat. Über Shaked, die Jüngste, gibt es bisher wenig zu schreiben. Das wird aber sicher noch kommen.

Ich denke, es ist angemessen, diese Lebensereignisse mit drei großen Vorkommnissen abzuschließen. Die ersten sind die zwei Zusammenkünfte der „Kinder" (die als Kinder durch den Kindertransport nach England gerettet wurden). Das erste Treffen fand 1989 in London statt und war mein erster Kontakt zu Menschen, die gleiche Erfahrungen der einen oder anderen Art gemacht hatten wie ich. Das Ganze war der geniale Einfall von Mrs. Bertha Leverton, die selber ein „Kind" war. Ich glaube, sie hatte anfangs keine Ahnung, welch riesengroße Aufgabe sie auf sich genommen hatte. Die ganze Sache hat sich im Schneeballprinzip zur Lebensaufgabe entwickelt. Wir alle sind ihr zu großer Dankbarkeit verpflichtet. Beim ersten Treffen hörten wir von verschiedenen Leuten, Juden und Nichtjuden, wie es mit dem Kindertransport vor dem Krieg anfing und sich während des Krieges sowie danach fortsetzte. Um die Dimensionen deutlich zu machen: Mindestens vier Historiker haben das Thema für ihre Dissertation gewählt.

Viel wichtiger sind jedoch die persönlichen Folgen für jeden Einzelnen. Um einige Beispiele zu nennen: Das emotionalste Beispiel war, als zwei ältere Leute, die aus derselben deutschen Stadt stammten, sich darüber unterhielten, in welcher Straße sie gelebt hatten. Es stellte sich heraus, dass sie in derselben Straße gewohnt hatten. Es war naheliegend, dann nach der Hausnummer zu fragen, die auch übereinstimmte. Was war passiert? Als beide nach England geschickt wurden, war das Mädchen 4 und der Junge 5. Bei der Ankunft hat eine Familie aus Schottland das Mädchen genommen und eine aus Cornwall den Jungen. Die zwei waren Geschwister, die 50 Jahre gemeinsames Familienleben verloren hatten. Man kann keinem einen Vorwurf machen, da beide zusammen mit etwa 300 anderen Kindern bei der Ankunft darauf warteten, dass irgendjemand bereit war, ihnen ein Zuhause zu bieten. Wenn jemand sagte, „Ich kann nur ein Kind aufnehmen und möchte dieses Mädchen", dann war das so. Keiner

Zurück in Barnack, 1989

ist schuld, die meisten hatten ein gutes Zuhause und wurden adoptiert. Nur aufgrund des Drucks, die Kinder unterzubringen und in kurzer Zeit mehr zu verteilen, passierten solche Dinge.

Es gab natürlich manche, die furchtbare Erfahrungen machten und ihre Geschichten zu Papier gebracht haben. Einige nahmen die Religion ihrer Pflegeeltern an. Doch weil sie sich ihrer Herkunft bewusst sind, kamen sie zum Treffen. Für mich bedeutete es etliche neue Freundschaften und Kontaktpflege. Ich glaube, dass die Zugehörigkeit zu einer Gruppe von Menschen mit gleichen tragischen Erfahrungen und die Möglichkeit, vieles Unbekannte kennenzulernen, für mich sehr wichtig ist. Ich bin Bertha Leverton von Herzen dankbar dafür. Ohne ihre Vorstellungskraft und ihren

Mit Sidney Tuck in Barnack, 1999

Mit Sidney und Margaret Tuck, Yael und den Mädchen, Barnack, 1999

How a refugee from the Holocaust found sanctuary in Barnack

George returns to his wartime home

GEORGE Sheffe has a jumble of memories of his early childhood in 1930s Berlin.

He remembers catching a bus with his mother, and only being allowed to sit in seats designated for Jews.

He recalls walks in the park, and having to find the special yellow benches where they were allowed to rest.

He knew that his mother was an able dressmaker who could find no work in a large city, that there was talk of things "getting hard" for his kind.

Most of all, his recollections are of the constant fear amongst his close family. There was no future for them in Germany. As a child, he did not understand politics but he knew he was living in an increasingly hostile place.

Seven-year-old George Spiegelglas, as he was then, witnessed firsthand the aftermath of "Kristallnacht" — the night of bro-

IN 1939 George Sheffe was a Jewish child evacuated from Germany during World War II. He found a new home in Barnack. Last week he returned to the village he left 60 years ago to re-live his wartime memories. Reporter MHAIRI McFARLANE was there to meet him.

ken glass — when Nazi mobs terrorised the Jewish community, smashed their windows and destroyed their property in November 1938.

George said: "I couldn't go to school and I wasn't allowed out of the house. I remember the shattered glass of the shop windows, and the Jewish shopkeepers out on the sidewalk scrubbing off the anti-Semitic graffiti everywhere.

"Meanwhile, the Germans stood on the other side of the street, jeering."

As George's parents were divorced, he lived with his mother, grandfather and aunt who made a desperate decision on his be-

Sidney Tuck and George in front of Barnack church, where Sidney found George's message in the visitor's book. Photo: H2615/35

half after the violence of Kristallnacht. He had to be sent away.

July 25,1939, was the last morning George spent with his family before he left the journey alone across Europe.

"I said goodbye to my mother, and was put on a train with a lot of other Jewish children.

"My mother looked through the train window to check on me. It was the last time I ever saw her. I can't be sure, but I think she knew they would never get out of Germany.

His rescuers were the organisers of the 'Kindertransport', a project which removed almost 10,000 Jewish youngsters from Germany, Austria and Czechoslovakia out of the reach of the Nazi regime.

He was sent on to London and an uncertain reception from the distant relatives sent to meet him.

He says: "The situation for the kids on my train seems sudden in retrospect, although they were upset at the time. A lot of them went to hostels and foster parents and were unhappy.

"I was one of the lucky ones."

George only spent five weeks with his relatives before he was evacuated to Barnack.

He went to live at The Vicarage, with the Rev Nesbitt and his family, who lived from 1939-44.

"My memories of life at the vicarage in Barnack are so pleasant. I was treated as one of the family, just the same as the other kids.

"One of his daughters, Ann, was the same age as me and we played together.

"I didn't miss Berlin, it was like I'd switched a part of myself off."

George finally had some stability, albeit in a new place with another family who raised him in a different faith.

During his entire childhood as an evacuee, he received one letter from his mother of 25 words via the Red Cross.

Due to Nazi censorship, the note was meaningless. In later life, he discovered his mother had been able to send franker letters to family in America. He can only describe the content as "very sad."

He recently found his mother's name in the records of Auschwitz.

In another of the many strange twists in George's life, the Nesbitt family was forced to give up the vicarage when its secluded location was chosen by the Canadian Army for its headquarters as they prepared for Hitler's invasion.

He was sent to a Jewish family in Barnack instead, and had to adjust to the rituals of a synagogue again after years of church-going.

George left for family in the States at the end of the war and later moved to Israel where he now lives with his wife.

He has brought his whole family with him to Barnack.

"I wanted them to see where I grew up. I think of all my years in England, the best

time I had was in this village."

His host in Barnack is villager Sidney Tuck, who wrote to George after reading the appeal George had left on a previous trip in the church visitor's book, for information about the Nesbitt family.

After leaving Barnack, George will travel to Wales to be reunited with Ann Nesbitt, the vicar's daughter and childhood friend he has not seen for 55 years.

George is looking forward to seeing her. "I've seen a photo, and she's not changed! I can't wait, we've got a lot to talk about.

"Obviously, I have a lot of sadness about the family I lost, I never had my parents around me at important times.

"But I'm one of the lucky ones, and I never forget that."

LEFT: Homecoming — George Sheffe revisits the house that was his home some 60 years ago. Photo: H2615/35

Das Interview im „Rutland and Stamford Mercury" vom 25. Juni 1999

Elan hätten viele von uns nicht diese Erfahrung des Zusammenkommens gehabt, mit der Möglichkeit, die Vergangenheit zu rekonstruieren. Ich bin mir sicher, dass viele im Geheimen den Wunsch danach hegten.

Für mich startete eine Reise in die Vergangenheit. Ich habe Orte besucht und Menschen aus meiner Kindheit getroffen, wie ich es sonst niemals getan hätte. Um ein Beispiel zu nennen: nach 60 Jahren traf ich Kinder, mit denen ich 60 Jahre zuvor zusammengelebt und gespielt hatte. Ich habe auch eine der Schulen besucht, in die ich früher gegangen bin, und habe einige sehr emotionale Erfahrungen dabei gemacht. In der Schule in Coulsdon, die ich als 10-/11-/12-jähriger besuchte, habe ich dem Direktor einen ziemlichen Schreck eingejagt. Ich fragte, ob es ein Modell eines Schiffes an der Schule gäbe. Er sprang ganz aufgeregt von seinem Stuhl und sagte: „Nein, gibt es nicht." Aber es gibt eine Geschichte, die besagt, dass die Schule einmal eine Verbindung zu irgendeinem Schiff hatte. Keiner kannte die Wahrheit, doch er hatte die oberen Klassen ihre Ideen zu dieser Verbindung aufschreiben lassen. Ich sagte, dass ich ihm genau erzählen könne, was passiert sei, und holte das Foto, das auch in dieser Biografie zu sehen ist, hervor. Er brauchte ein paar Minuten, bis er wieder Luft bekam, und machte dann eine Kopie von dem Foto für zukünftige Referenzen. Ich sagte ihm, dass ich gern Kontakt zu jeder Person auf dem Foto aufnehmen würde, aber diejenigen, die er herausfand, waren nicht besonders interessiert daran. Und so war die Episode dann auch für mich beendet.

1999 hatten wir vom Kindertransport unser 60-jähriges Treffen. Dieses Mal nahm ich alle drei Töchter und natürlich Yael als Begleiter mit. Aber zuerst eine wichtige Information, die den Kontakt zu Menschen ermöglichte, von denen ich dachte, dass ich sie nie wiedersehen würde: Im Jahr 1997 besuchte ich England mit Yael an meiner Seite und nutzte die Gelegenheit, das Dorf Barnack zu besuchen, wo ich meine ersten Jahre in England zugebracht hatte.

Da ich keinen Erfolg dabei hatte, Mitglieder der Familie der Pfarrers Nesbitt zu finden, unternahm ich einen weiteren Versuch.

Als wir nachmittags im Dorf ankamen, goss es in Strömen und ich hätte eher einen Fisch auf der Straße angetroffen als einen Menschen. Wir betraten die Kirche, die schon mehr als 800 oder 900 Jahre so dastand, und schauten uns um. Ich öffnete das Gästebuch und schrieb in kurzen Worten die Geschichte meines Aufenthalts in Barnack hinein, verbunden mit der Bitte, ob jemand mir helfen könne, Kontakt zu Pfarrer Nesbitts Nachfahren zu bekommen. Ich stellte das Buch aufrecht hin, damit es eher im Blick der Besucher war, und hoffte, jemand würde mir helfen.

Einige Wochen später bekam ich tatsächlich einen Brief von einem Herrn namens Mr. Sidney Tuck, der mich davon in Kenntnis setzte, dass er meinen Aufruf gelesen hätte und versuchen würde, mir zu helfen. Er war eigentlich erst im Jahr 1979, nachdem er in Rente gegangen war, nach Barnack gekommen und hatte deshalb noch nichts von Familie Nesbitt gehört. Es vergingen wieder einige Wochen, dann erhielt ich einen Brief mit einer positiven Information. Er hatte Anne aufgespürt, sie angerufen und ein O.K. bekommen,

Mit Anne Nesbit und meiner Tochter Tammy;
mit 73 Jahren ist Anne immer noch jung und wild

Das Wiedersehen mit Anne Nesbit

mir ihre Telefonnummer zu geben. Sie würde gern Kontakt mit mir aufnehmen. Es ist klar, dass ich dieses dann auch tat.

Nun zurück zu unserer zweiten Zusammenkunft, wozu auch die zweite Generation ausdrücklich mit eingeladen war. Die meisten folgten der Aufforderung. Nach zwei Tagen voller Reden, Zeremonien und Gruppentreffen gingen wir auseinander und wir fünf fuhren nach Barnack, um Mr. Tuck zu treffen und natürlich das Dorf zu sehen. Zu meinem großen Erstaunen hatte er die Presse von Stamford samt Fotografen und Reportern mit eingeladen. Mit diesen Leuten gingen wir durch das Dorf und ich erzählte ihnen davon, wie es früher dort war. Das Vereinshaus war z.B. die Schule und ist heute ein historisches Gebäude. Auf dem Gelände des Pfarrhauses ist eine große Wohnanlage entstanden, aber im Großen und Ganzen

Das Wiedersehen mit Anne Nesbit

ist alles geblieben wie früher. Mr. Tuck ist ein bemerkenswerter Mann, und obwohl wir nur vier Stunden beisammen waren, gab es beim Abschied kein einziges Auge, das trocken blieb. Heute muss Mr. Tuck über 80 sein, aber wir haben weiterhin Kontakt zu ihm und seiner Ehefrau Margaret.

Von Barnack aus machten wir uns direkt auf den Weg nach Wales. Um ehrlich zu sein: Anne hat sich überhaupt nicht verändert. Als sie die Haustür aufmachte und uns hereinließ, waren ihre ersten Worte: „Ich weiß gar nicht, warum du mich sehen möchtest. Ich war so grässlich zu dir." Sie hatte damit nicht völlig Unrecht. Die ganze Familie mochte sie jedoch und wir verstanden uns prächtig. Sie sagte, was sie dachte, und tat, was sie wollte. Der Zeitpunkt unserer Ankunft zum Beispiel überschnitt sich mit der Trauung von

Prinz Andrew in der Londoner Kathedrale und wurde im Fernsehen übertragen. Wir hatten keine Chance, ein kurzes „Hallo" und dann schauten wir die eineinhalbstündige Zeremonie, bevor wir eine Tasse Tee angeboten bekamen. Auf der anderen Seite war sie offen und großzügig. Wir kamen gut miteinander aus.

Anne sollte auch uns in Israel besuchen, aber wir leben laut dem Auswärtigen Amt von Großbritannien in einer Gefahrenzone und werden deshalb warten müssen. Aber wir sind ja noch jung.

Die Schließung einer Ellipse

Das dritte Ereignis nach den zwei „Kinder"-Zusammenkünften war sehr emotionsgeladen und betraf den Teil der Familie, der seit 60 Jahren nicht mehr bei uns ist.

Jeder hat schon mal den Ausdruck „einen Kreis schließen" gehört. Eine Ellipse zu schließen ist noch eine Stufe höher; vielleicht, weil eine Ellipse ein gequetschter Kreis ist, nicht mathematisch betrachtet, aber im wirklichen Leben.

Nach unserer ersten Zusammenkunft erhielt ich Briefe, die meine Mutter und ihre Schwester zwischen 1939 und Dezember 1941 an ihren Bruder in den USA geschrieben hatten, als die Vereinigten Staaten in den Krieg gegen die Achse eintraten. Die meisten Briefe wurden zu der Zeit geschrieben, als mein Opa und seine Töchter als Zwangsarbeiter 365 Tage im Jahr über 10 Stunden pro Tag arbeiteten. Ihr „Glück" war, dass sie noch zu Hause wohnten, wo ich aufgewachsen bin, bis ich es verlassen musste.

Einer der traurigsten Briefe war, als unser Onkel über den Tod seines Vaters informiert wurde. Meine Tante schrieb ihm, als sie nicht einmal genug Geld für Lebensmittel hatten, und fragte ihn, ob er bitte 40 Mark schicken könne, um ihnen das Aufstellen eines Grabsteins zu ermöglichen. Diese Bitte blieb unbeantwortet oder das Geld ging auf dem Weg verloren. Bis jetzt gab es weder einen Stein noch ein Zeichen auf dem Grab. Woher ich das weiß?

Hiermit kommen wir zur Ellipse.

Vor ungefähr zwei Jahren suchte eine Christin aus Hamburg ihre Familienwurzeln. Sie hat sie bis ins Jahr 1836 zurückverfolgt und langsam stellte sich heraus, dass sie nach jüdischem Recht Jüdin ist, weil alle Mütter jüdisch und alle Väter Christen waren. Diese Frau hat ein Büro voller Dokumente aus Deutschland, Ungarn, Österreich, Südamerika, den USA, Australien und natürlich Israel. Als sie auf meinen Namen stieß und den der Cousine meiner Mut-

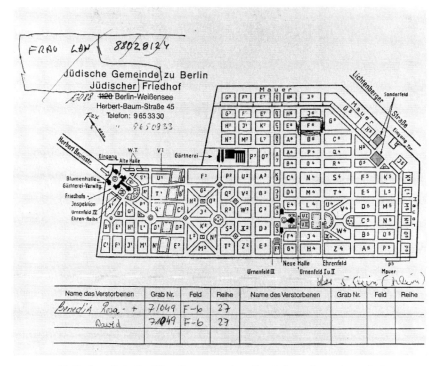

Name des Verstorbenen	Grab Nr.	Feld	Reihe	Name des Verstorbenen	Grab Nr.	Feld	Reihe
Benedik Rosa - †	71049	F-6	27				
David	71049	F-6	27				

Jüdischer Friedhof Berlin, wo meine Großeltern begraben sind

ter, stattete sie uns einen Besuch ab. Sie erzählte mir ihre Geschichte und gab mir einen Plan des größten jüdischen Friedhofs in Deutschland, der in Berlin-Weißensee liegt. Zusätzlich zeigte sie mir den Bereich, wo meine Großeltern Seite an Seite begraben sind. Wir konnten allerdings nicht die genaue Stelle ausfindig machen. Als ich Deutschland besuchte, verbrachten wir 36 Stunden zusammen, davon 10 Stunden an ihrem Computer, und füllten die Lücken aus.

Ich entschloss mich, einen der letzten Wünsche meiner Mutter und Tante zu erfüllen und einen Grabstein für meine Großeltern aufzustellen. Die Namen meiner Mutter und ihrer Schwester sollten in memoriam hinzukommen. Da sie in Auschwitz ermordet wurden, existieren für sie keine Gräber.

Leichter gesagt als getan! Ich fand schnell heraus, dass ich erst am Anfang des Prozesses stand, meiner Ellipse eine Form zu geben.

Unglücklicherweise waren die involvierten religiösen Funktionsträger mehr am Geld als an der Religion orientiert. Auf jeden Fall erhielt ich durch sie ein Preisangebot, das in keinem Verhältnis zur Leistung stand, da der Friedhof 10 % des Grabsteinpreises erhielt und es in ihrem Interesse lag, mich eine übertrieben hohe Geldsumme bezahlen zu lassen. Ich telefonierte mit dem Friedhofsdirektor, dass ich gewillt sei, jeden Betrag über die 10 % des ausgewählten Steins hinaus zu zahlen, aber ich nicht einsehen könne, dass der Steinmetz beteiligt würde – jedoch vergeblich.

Durch einen alten Highschool-Freund aus den USA nahm ich Kontakt zum obersten Rabbi der amerikanischen Streitkräfte in Deutschland auf. Dieser versprach mir zu helfen, gab aber schließlich den Fall als „verloren" auf.

Ein Freund meines Schwiegersohns, der in Berlin wohnt, machte eine bessere Arbeit und ich bekam durch ihn vier mögliche Optionen. Eine davon, nicht die billigste und nicht die teuerste, gab mir das Gefühl, er wäre der richtige Mann – und wie sich herausstellte, war er es auch.

Einige Wochen später flogen meine zweite Tochter und ich in Richtung München und kamen bei angenehmem Frühlingswetter mit -1 Grad dort an. 48 Stunden später brachen wir im Auto nach Berlin auf. Da wir mit 150 km/h fuhren, waren wir ziemlich schnell dort und schafften es, das Haus, in dem ich geboren wurde und bis 1939 lebte, zu besuchen. Ich war im Jahr 1979 dort gewesen, deshalb war es nicht neu für mich. Meine Tochter war jedoch ziemlich aufgeregt und wir dokumentierten den Besuch mit einer Filmaufnahme. Am nächsten Morgen gingen wir zum Rathaus und suchten die Stelle, die für Angelegenheiten von Ex-Berlinern zuständig ist. Ich hatte schon vorher Kontakt zu den Mitarbeitern aufgenommen, damit sie mich mit persönlichen Informationen versorgen konnten; einschließlich der Orte, an denen meine Vorfahren zur Arbeit gezwungen wurden. Obwohl sie freundlich waren, konnten sie mir nicht viel helfen. Ich hatte den Eindruck, dass alles, was als Reparationsforderung interpretiert werden könnte, nicht geprüft worden war, obwohl ich klar geäußert hatte, dass es sich beim Besuch um eine rein persönliche Familienangelegenheit handle. Ich vermute, dass sogar die jüngeren Deutschen immer noch ein schlechtes Gewissen haben.

Im Anschluss nahm ich Kontakt mit dem Steinmetz auf, um zu erkunden, wo ich ihn finden könnte. Er und sein Sohn waren nett, holten uns ab und fuhren als Erstes mit uns zum Friedhof. Zunächst verschwand der Sohn. Als er 2 Minuten später wieder erschien, hatte er eine Kippa auf dem Kopf. Dann gingen wir ins Hauptbüro, wo wir alle Informationen bekamen, nämlich das Areal, die Parzelle, Reihe und Grabnummer. Einfach? Nicht ganz, da die Reihen nicht alle nummeriert und fast alle Gräber ohne genaue Identifikation sind.

Das Glück wollte es, dass die Gräber aus den Jahren vor der Nazi-Zeit, die keinen Grabstein besaßen, mit einem kleinen Stein zur Identifikation samt Namen und Grabnummer des Verstorbenen markiert waren. Wir sprachen mit einigen Friedhofsarbeitern und baten um ihre Hilfe. Da wir keine konkrete Antwort bekamen, vermute ich, dass sie nur Gärtner waren. Sie machten es aber dadurch wett, dass sie uns Vorschläge machten, was wir tun sollten.

Als wir das richtige Areal fanden, mussten wir lediglich Reihe 26 finden und bis zur Grabnummer hochzählen. Wenn man ein Rechteck nimmt, gibt es Möglichkeiten einer numerischen Anordnung der Reihen und zwei Richtungen zum Zählen der Gräber.

Wir bekamen noch einige Vorschläge unserer neuen Helfer, nämlich von Grab zu Grab zu gehen und wo kein Stein zu sehen sei die Blätter, Zweige und Sonstiges wegzuräumen, um dann vielleicht etwas zu finden. Ich glaube, das war eine Schlussfolgerung, auf die ich auch ohne Hilfe gekommen wäre. So haben wir es jedenfalls mehr oder weniger auch gemacht.

Es existierten nur wenige stehende Grabsteine mit vielleicht zehn oder zwölf namenlosen Gräbern dazwischen. Also säuberten wir schließlich auch die Gräber anderer Leute, zumindest den oberen Teil.

MODERNE
DENKMALGESTALTUNG
Grabmal- und Steinmetzbetrieb
Steinmetzmeister
Harry Wloch
Blankenfelder Str. 21   Tel./Fax 030/4763225
13158 Berlin-Rosenthal

Berlin, 9.5.2001

Werter Herr Shefi,

wie telefonisch abgesprochen sende ich Ihnen den geänderten Text zu.
Bitte den Schrifttext und die Schreibweise genau überprüfen und an uns
zurücksenden.

HIER   RUHEN

Unsere liebe Großmutter
ROSA BENEDIK
Tochter von Rudolf Schwarz
GEB.2.1.1870 GEST.21.9.1927
Unser lieber Großvater
DAVID BENEDIK
Sohn von Sandor Benedik
GEB.5.8.1868 GEST.10.9.1940
IN ERINNERUNG
an unsere Tante
MARGIT BENEDIK
GEB.26.12.1897
an meine Mutter
MIRIAM BENEDIK-SPIEGELGLAS
GEB.23.2.1908
Töchter von David und Rosa Benedik
verstorben in Auschwitz
nach dem 29.1.1943
MÖGEN SIE IN FRIEDEN RUHEN

Datum: _9. 5 . 01_ Unterschrift: _George Shefi_
                                      George Shefi

Mit freundlichen Gruß

Elvira Wloch

Die Inschrift am Grab meiner Großeltern

213

Nach ca. 10 oder 15 Minuten Zögern – wir gingen nicht ausreichend systematisch vor – fanden wir ein Grab mit einer dickeren Schicht Blätter. Der Sohn des Steinmetzes fing an, diese wegzuräumen und Hadass unterstützte ihn dabei. 2 Minuten später, und ein kleiner Stein kam zum Vorschein, mit Moos bedeckt und einer unleserlichen Inschrift.

Also fingen wir an zu kratzen und plötzlich erschien der Buchstabe „R". Grandios, denn meine Großmutter starb im Jahr 1927 und ihr Name war Rosa. 5 weitere Minuten Kratzen und Aushöhlen der Rillen und wir konnten es lesen: „Rosa Benedik 74049".

Die Nummer stimmte mit der überein, die wir vom Büro erhalten hatten. Ich kann nicht behaupten, dass wir glücklich waren, aber wir waren froh, gefunden zu haben, was wir gesucht hatten.

Um die losen Enden der Ellipse miteinander zu verbinden, mussten wir nur noch rein technische und finanzielle Dinge klären. Das machten wir mit dem Steinmetz zusammen in seiner Werkstatt.

Besuch des Grabsteins, den wir im Gedenken an meine Familie errichteten

Ich wollte auch die Namen meiner Mutter und meiner Tante auf dem Stein eingraviert haben, da in Auschwitz keine Stellen für Grabsteine existieren. Es war mir wichtig, dass ihre Namen an irgendeinem Ort explizit auftauchen und nicht nur als Namen unter „den 6 Millionen". Sechs Wochen später fuhr ich wieder nach Deutschland, um zu sehen, ob alles an seinem Platz war, und um ihnen die letzte Ehre zu erweisen. Auf dieser Reise begleiteten mich meine Cousine Margret, ihre gesamte Familie und natürlich Yael. Meine Cousine teilte auch die Kosten mit mir, womit ein schönerer Grabstein möglich wurde. Somit habe ich das Gefühl, dass ich eine Ellipse geschlossen habe, das gibt mir inneren Frieden.

Dies bringt uns auf die Zielgerade. Heute sind wir älteren Shefis mehr oder weniger Rentner. Yael ist bei Universität und Highschool in den Ruhestand gegangen und wird zum Ende dieses Schuljahres auch ihren Dienst an der Akademie für Lehrer quittieren. Fürs kommende Jahr hat sie ein paar Kurse übernommen und ein paar Beratungstätigkeiten auf Stundenbasis. Was mich betrifft, habe ich meine kleine Werkstatt und die zehn Mitarbeiter an meinen jüngeren Partner übergeben und nur das Ingenieurbüro behalten, welches ich von zu Hause aus betreibe. Allerdings sind die letzten zwei Geschäftsjahre aufgrund der lokalen Situation ziemlich tot gewesen. Das Merkwürdige ist, dass Yael und ich trotzdem immer beschäftigt sind, mit ehrenamtlicher Arbeit oder Hobbys, für die wir früher keine Zeit hatten. Alles in allem haben wir mehr Zeit, aber auch weniger Kraft für Dinge, an denen wir Spaß haben.

Bevor ich zum Schluss dieser Biografie komme, glaube ich, dass ich dem Leser eine Erklärung schuldig bin. Anfangs hörte es sich vielleicht so an, als ob ich alles auf die leichte Schulter und als Witz genommen habe. Die Wahrheit kann aber nicht weiter entfernt sein als das. Ich bin Optimist und schaue auf die Dinge, die noch kommen und die ich vielleicht beeinflussen kann. Die Vergangenheit ist vorbei und ich kann nichts daran ändern, egal wie deprimiert ich bin. Dazu kommt, dass ich glaube, eine gesunde Portion Humor zu besitzen, der mir geholfen hat, ziemlich normal zu bleiben.

Noch dazu habe ich eine großartige Familie, die eng verbunden und unterstützend ist. Deshalb habe ich keinen Grund zur Klage. Trotz aller Höhen und Tiefen, aller Streitereien und Uneinigkeiten, aller Drehungen und Wendungen bereue in keiner Weise, wie sich die Dinge entwickelt haben. Mit anderen Worten: Ich blicke nie mit Neid in Nachbars Garten – vielleicht guckt er gerade in meinen.

Feier meines 70. Geburtstags mit dem gesamten Shefi-Clan
einschließlich des letzten Zuwachses im Alter von minus zehn Tagen

Epilog

Es ist jetzt 13 Jahre her, seit dieses Buch zum ersten Mal das Licht erblickte. Seitdem ist viel passiert. Meine Enkel sind stetig herangewachsen. Der Älteste, ein „Junge" namens Orr, ist 29 und die Jüngste, Shaked, bildet den Schluss mit ihren 14 Jahren. Alle machen sich wunderbar. Orr ist im dritten Jahr an der Musikakademie. Der Nächste in der Reihe, Gil, ist auch im dritten Jahr seines Studiums (der Wassertechnologie) und der Dritte, ein Sohn namens Ran, ist nach langem Aufenthalt in Indien zurück und muss erst zu sich finden. Er ist von Beruf Fotograf und von dem, was ich gesehen habe, nicht nur technisch gut, sondern auch vom künstlerischen Blickwinkel her. Es folgt unsere älteste Enkelin Dana, die Internationale Beziehungen (oder so ähnlich) in Jerusalem am Hadasah College studiert. Nächste in der Reihe ist eine weitere Enkelin, Adi, die bald ihr zweites Jahr bei der Marine abschließt – und ich meine wirklich die Marine, denn sie ist eines der wenigen Mädchen, die viel Zeit mit Männern auf hoher See zubringen. Sie hat Glück, dass sie nicht seekrank wird. Als ich bei der Marine diente, habe ich viele seekranke Matrosen gesehen. Unsere jüngste Enkelin ist Shaked, ganze 14 Jahre alt. Ihr Hobby sind Hunde. Sie nimmt an Hundeausstellungen teil, präsentiert die Hunde anderer Leute und ihre eigenen. Sie hat ein Regal voller Pokale, auch von Übersee.

Somit sind wir auf aktuellem Stand mit der jungen Generation. Das war jedoch nicht meine Motivation für diesen Epilog.

Eigentlich wollte ich mit einem kurzen Bericht über die Beziehungen zwischen Menschen, die den Holocaust überlebten, abschließen und insbesondere über das heutige Deutschland, was mich betrifft. In der Zeit zwischen meinen späten Zwanzigern bis zu meinen frühen Fünfzigern konnte ich mich nicht überwinden, irgendetwas mit Deutschland oder den Deutschen zu tun zu haben. Ich weigerte mich, irgendwelche Ausgleichszahlungen anzunehmen oder irgendwelchen Kontakt zu haben. Das änderte sich etwas, als ein guter Freund mich einige Jahre lang nicht in Ruhe ließ und ich schließlich einwilligte, eine Entschädigung für die Ermordung meiner Mutter in Auschwitz anzunehmen. Dort erfuhr ich, dass das Leben einer Jüdin im Jahr 1943 später einen Wert von 6.000 DM hatte. Mir wurde gesagt, dass ich eine zusätzliche Entschädigung für meine Studiengebühren erhalten würde, wenn ich den Abschluss meines Ingenieurdiploms nachweisen könnte. 1964 fand ich heraus, dass ich ein weiteres Problem hatte, nämlich Deutsch zu sprechen. Im erwähnten Jahr hatte ich von der Internationalen Arbeitsorganisation (ILO) ein Stipendium für ein dreimonatiges Studium der neuen Metallbearbeitungstechniken in Schweden erhalten.

Auf dem Rückweg habe ich meine Tante, die mit ihrem Mann zwei Jahre vorher nach Deutschland zurückgekehrt war, in München besucht. Mein Onkel, bei dem ich in Amerika gelebt und der mich 1949 nach Israel gebracht hatte, war der Bruder meiner Mutter. Er war kurz nach seiner Rückkehr nach München verstorben.

Dennoch ist Familie wichtig und hier gab es die Gelegenheit für einen Besuch. Ich spreche fast fließend Deutsch, aber zu meiner Überraschung muss ich eine psychologische Blockade gehabt haben, denn alle Wörter, die mir in den Sinn kamen, waren Englisch. Es waren nicht die Menschen, die die Blockade hervorriefen, sondern der Ort. Jeder Deutscher, der nach Israel kam, war kein Problem und ich konnte mich zu Hause mit ihm unterhalten, aber nicht dort. So sehr ich es versuchte, ich konnte mich mit nichts Deutschem identifizieren. Das änderte sich eine Zeit später ziemlich unerwartet. Etwas, das ich neben meiner Werkstatt tat, war, einen Kurs für Erwachsene zu halten, deren Beruf nicht mehr gebraucht wurde oder in Israel nicht anwendbar war. Ich hatte das Glück, einen Partner zu haben, und konnte den Kurs deshalb in der Woche durchführen. Was er nicht schaffte, erledigte ich nachts oder nachmittags. Dank der Spende eines reichen Mannes aus Belgien hatte ich eine halbe Million Dollar, um moderne Maschinen zu finanzieren, und setzte die ganze Summe dafür ein. Das Ergebnis war, dass ausländische Delegationen aus diesem Bereich der beruflichen Ausbildung in unsere Werkstatt gebracht wurden, um ihnen zu zeigen, was man in einem einjährigen Kurs für Werkzeugmacher tun kann.

Eines Tages kam eine deutsche Gruppe von Leuten, die in diesem Bereich arbeiteten. Ich wurde gebeten, sie herumzuführen und zu erklären, welche Qualifikation unsere Studenten erreichen. Selbstverständlich tat ich dieses auf Deutsch, einschließlich der technischen Fachbegriffe. Es war kein Problem, da wir in Jerusalem waren. Da fingen meine Probleme jedoch an, denn der Mann, der unser Ministerium für Arbeit repräsentierte, eigentlich meine Chefs, nahm mich hinterher beiseite und eröffnete mir, dass ich bei der nächsten Gruppe, die nach Deutschland eingeladen würde, sowohl Übersetzer als auch professioneller Teilnehmer sein sollte. Ich arbeitete schwer daran, ihm zu erklären, dass ich in Deutschland ein Sprachproblem hätte, aber ohne Erfolg. Somit war ich kurze Zeit später – verbunden mit vielen Ängsten – auf einer Reise, die meine psychologische Blockade aufbrach. Ich hatte einfach keine Wahl.

Ich glaube, ich war ein oder zwei Jahre später wieder als Dolmetscher in Deutschland, in gleicher Funktion. Das verbesserte auf jeden Fall meine Sprachfähigkeiten, doch ich muss gestehen: Alltagsdeutsch zu übersetzen ist eine Sache, aber einen Vortrag eines deutschen Professors von der Aachener Universität eine ganz andere.

Irgendwo unterwegs wurde ich zu einem Holocaustvortrag in einen Kibbuz (eine kommunale Siedlung) von Ex-Ghetto-Aufständischen eingeladen. Dieser Kibbuz, Lohamei Hgetaot, besitzt ein großes Museum und Lesesäle, um Leute einzuladen, hinzukommen und zu erfahren, was passiert ist. Der Vortragende war ein junger Historiker um die 40, das Publikum bestand aus ca. 70 Historikern, Sozialarbeitern, Psychologen und ca. zehn Überlebenden. An einem Punkt zeigte der Referent auf uns in der vorderen Reihe und stellte fest, wir seien die letzte Generation, die die Geschichte erzählen könne, wie sie wirklich war, statt der Historiker, die Fakten so beschreiben, dass sie zu den Theorien ihrer Dissertation passen. Daher sollten wir schreiben und reden mit jedem, der es hören will, sodass die Wahrheit nicht verdreht wird. Ich nahm ihn ernst und bin überzeugt, er hatte 100 % recht. Seitdem habe ich an Schulen in Israel gesprochen, vor Gruppen von Erwachsenen, die damals nicht einmal geplant waren, vor ausländischen Gruppen, die sich in Israel aufhielten und persönliche Berichte aus der Zeit hören wollten.

Irgendwann wurde ich gebeten, an einer gruppendynamischen Veranstaltung teilzunehmen: Bei diesem Treffen wurden drei deutsche Paare drei israelischen Paaren von Überlebenden gegenübergestellt. Die Paare waren jeweils aus einem Großelternteil und einem Enkelkind zusammengesetzt in unterschiedlichen Kombinationsmöglichkeiten. Ich muss gestehen, dass ich zweifelte, ob ich hingehen sollte oder nicht. Mit der jüngeren Generation hatte ich keine Probleme, aber was hat ein 90-jähriger am Ende der Nazizeit gemacht? Anscheinend hatte die andere Seite auch Hemmungen, nicht, weil sie etwas zu verbergen hatten, sondern weil sie zu der Zeit dort gelebt hatten. Ich ging mit meinem Enkel Gil hin und die ganze Gruppe war sechs Tage lang beisammen; kein Fernsehen, kein Radio, keine Zeitung, lediglich unsere Geschichten erzählen und zusammen sein. Das Drumherum war wunderschön, mit netten Zimmern, Diskutieren sowie viel Platz zum Spazieren gehen und Landschaft Genießen. Ich war über die Art und Weise, wie wir uns langsam zu einer Gesamtgruppe entwickelten, erstaunt. Und als es Zeit war, sich wieder auf den Weg zu machen, blieb nach meinem Eindruck kein einziges Auge trocken, weder bei den Teilnehmern noch unter dem Personal, das die ganze Angelegenheit organisiert hatte. Ich bin mit etlichen Teilnehmern noch in Kontakt. Das gab mir einen großen Motivationsschub, meine Sprachblockade zu lösen, und heute habe ich damit kein Problem mehr. Dennoch ist mein Deutsch keineswegs perfekt.

Mein nächstes großes Ereignis, in das ich geschubst wurde, kam 2015. Ich habe in Saarbrücken gute Freunde, mit denen ich seit mehr als 25 Jahren Kontakt habe. Diese Leute sind in der Evangelischen Kirche aktiv und dazu in der lokalen Politik. Ohne dass ich davon wusste, haben sie mich dem Saarländischen Parlament als Gastredner für den Internationalen Holocaust-Gedenktag empfohlen. Einerseits

Mit dem damaligen Präsidenten Ley vor der Kranzniederlegung in Saarbrücken

Kranzniederlegung am Gestapo-Lager Neue Bremm, 27. Januar 2015

dachte ich, „was für eine Ehre", andererseits ist es mein Beruf, Autos zu entwerfen statt zu reden. Und wenn ich doch rede, ist es immer mit ein wenig Humor verbunden, weil ich so bin. Aber an einem so tragischen Tag ist es einfach nicht möglich und ich fragte meinen Sponsor, was ich tun solle. Er antwortete mir schlicht: „Sei einfach du selbst", was ich mit Erfolg tat. Laut Yael, die im Publikum saß, haben die Menschen mit mir geweint, geschmunzelt und sogar gelacht. Als die Vorträge vorbei waren, verließ ich das Podium und wurde mit Fragen überhäuft. Ich hatte den Eindruck, dass es o.k. war. Ich schaffte es tatsächlich nicht, bis zum Empfang am Ende des Raumes vorzudringen, und erfuhr später, dass ich viele Leckereien verpasst hatte.

Das nächste Ereignis fand erst vor einem Monat statt. Ich verbrachte eine komplette Woche in Deutschland und redete mit Schulkindern, auch mit Erwachsenen. Das Publikum wollte meine Lebensgeschichte hören, aber ich wollte auch die Geschichte des Kindertransports erzählen, von dem ich ein Teil war. Obwohl unsere Geschichte nicht so grausam ist wie bei denen, die zurückblieben, ist sie doch tragisch. Es stimmt zwar, dass uns das Hungern und die Folter des Nazi-Regimes erspart blieb, aber mehr als 90 % haben ihre komplette Familie verloren und einige wurden von ihren Pflegeeltern nicht gut behandelt. Ich weiß von einem Fall, wo zwei sechs Monate alte Babys in einem Weidenkorb, aus verständlichen Gründen ohne Identifikation, in einen der Züge geschoben wurden. Das war für ihre Eltern der einzige Weg, ihre Kinder zu retten. Diese beiden Kinder führten bis zu ihrem letzten Tag ein anonymes Leben. Sie wussten nie, wie alt sie wirklich sind, woher sie kommen oder wer ihre Eltern waren. Vielleicht hatten sie reiche Verwandte in Amerika, die sie unterstützen würden, aber wie findet man eine Nadel im Heuhaufen? Ich selbst wurde von meinem Arzt gefragt: „Unter welchen Krankheiten haben ihre Eltern gelitten?" Ich konnte nur antworten: „Woher soll ich das wissen?"

Ich möchte mit einem Versprechen enden: Ich werde so lange wie möglich vom Kindertransport und vom Holocaust erzählen. Ich sage unseren israelischen Kindern: „Vergesst nicht. Es gehört zu unserer Geschichte." Innerhalb von sechs Jahren ein Drittel seiner Nation zu verlieren soll nie wieder geschehen. Der jungen deutschen Generation sage ich: „Ihr seid nicht an dem Schuld, was eure Großeltern vor 75 Jahren getan haben. Es ist aber eure Verantwortung, zu lernen und euch daran zu erinnern, was damals geschah, damit sich solche Tragödie nie wiederholt – nicht nur für eure jüdischen Mitbürger, sondern auch für jede andere Minderheit."

Hans Ley

Herrn George Shefi
Frau Yael Shefi
6/2 Efroni St.
ISRAEL – Givat Zeev 90917   02. Feb. 2015

Sehr verehrter Herr Shefi, liebe Frau Shefi,

wie ich sehr hoffe, sind Sie nach dem Besuch im Saarland wohlbehalten wieder in Ihrer Heimat Israel eingetroffen.

Ich möchte mich auf diesem Wege noch einmal ganz herzlich für Ihren Besuch bedanken.

Mit Ihrer eindrucksvollen Rede zu den schrecklichen Erlebnissen und Ihres weiteren Lebensweges, lieber Herr Shefi, haben Sie alle anwesenden Besucher und Besucherinnen der diesjährigen Holocaust-Gedenkveranstaltung tief berührt. Die Ovationen der Gäste haben gezeigt, mit wie viel Respekt und Hochachtung Ihnen begegnet wurde.

Meine besten Wünsche für Gesundheit und persönliches Wohlergehen begleiten Sie auf Ihrem weiteren Lebensweg.

Mit freundlichen Grüßen

Hans Ley

Dankschreiben des saarländischen Landtagspräsidenten Ley, 2. Februar 2015

Letzter Gruß in Grunewald

George Shefi gelangte
1939 mit einem
Kindertransport nach
England. Beim
SV Babelsberg erzählte er
am Donnerstag
die Geschichte
seiner Flucht

VON HOLGER CATENHUSEN

Welcher Religion er angehöre, sei er einmal gefragt worden, erzählt George Shefi. Er habe als Antwort auf sein Herz gezeigt. Genau dort und nicht im Kopf sei seine Religion zu Hause. Am gestrigen Donnerstag war Shefi zu Gast beim Fußballverein SV Babelsberg 03, im VIP-Raum des Karl-Liebknecht-Stadions. Eine Stunde lang zog der 84-Jährige mit seiner Lebensgeschichte die schätzungsweise rund 60 Zuhörer in seinen Bann. Man kann es Glück nennen, was Shefi als Kind widerfuhr. Doch eigentlich ist es eine unendliche Tragödie, in der er als kleiner Berliner Junge im Alter von sieben Jahren nur eben Glück hatte.

Am 26. Juli 1939 durfte Georg Spiegelglas, wie George Shefi damals noch hieß, mit dem Zug das Deutsche Reich verlassen. Wohin ins Zentrum Berlins, an der Ecke Georgenstraße/Friedrichstraße das vom Künstler Frank Meisler geschaffene Bronzedenkmal an die Transporte jüdischer Kinder ins zerstörte Ausland vor nunmehr über 70 Jahren erinnert, dort am Bahnhof Friedrichstraße begann auch für Georg Spiegelglas die Zugfahrt, die ihn das Leben rettete. Im Rahmen der von den Briten organisierten Kampagne zur Rettung Tausender jüdischer Kinder aus dem Deutschen Reich hatte der kleine Georg ein Ticket zur Ausreise bekommen. „Am 25. Juli 1939 hat meine Mutter gesagt: ,Du wirst morgen in ein anderes Land fahren'", so Shefi auf der Veranstaltung in Babelsberg.

Und tatsächlich, am nächsten Tag brachte ihn seine Mutter zum Bahnhof Friedrichstraße. Der Junge bestieg den Zug. Und irgendwo im Westen Berlins – Shefi vermutet, dass es im Bahnhof Grunewald war – konnte er noch einmal seine Mutter sehen. Sie hatte sich gleich nach der Verabschiedung in Friedrichstraße auf den Weg durch Berlin in Richtung Westen gemacht, um vielleicht noch ihren Sohn zu sehen, wie er im Zug durch Berlin fährt. Er habe ihr vom Eisenbahnwaggon aus zugerufen, doch sie konnte ihn nicht hören. Es war das letzte Mal in seinem Leben, dass er seine Mutter sah. Jahrzehnte später fand er ihren Namen in einem Buch der israelischen Holocaust-Gedenkstätte Yad Vashem. Am 29. Januar 1943 hatte man sie gemeinsam mit ihrer Schwester ins NS-Vernichtungslager Auschwitz deportiert. Wahrscheinlich sind beide dort noch am Tag ihrer Ankunft ermordet worden. Das jedenfalls legen die Unterlagen nach der Verschleppung in Richtung Westen gemacht, um vielleicht noch ihren Sohn zu sehen, wie er im Zug durch Berlin fährt.

Für ihn, den siebenjährigen Berliner Jungen, ging es an jenem lebensrettenden Sommertag des Jahres 1939 von Berlin aus mit der Eisenbahn in die Niederlande und von dort weiter per Schiff ins rettende England. Er gehörte damit zu jenen rund 10 000 jüdischen Kindern, die in Großbritannien aufgenommen wurden. Britische Juden und die religiöse Gruppe der Quäker hatten diese Hilfskampagne initiiert und sich bei der damaligen britischen Regierung dafür eingesetzt, dass jüdische Kinder auf diese Weise aus dem Deutschen Reich gerettet wurden. Angekommen in England, kam ein viele Kinder ins Heim, andere wurden bei Familien untergebracht, erinnert sich Shefi. Er selbst wurde in einem britischen Dorf von einem Pfarrer aufgenommen. Nach einiger Zeit wechselte er in eine andere Gastfamilie. Dort ging es streng jüdisch zu, berichtet Shefi. Von einer Woche zur anderen hatte Spiegelglas, der nun nicht mehr Georg, sondern George hieß, außer einer neuen Gastfamilie auch ein komplett neues religiöses Umfeld bekommen. Plötzlich herrschte strenge Ruhe am Sabbat.

Einige Jahre blieb Spiegelglas in England, bis er schließlich zusammen mit anderen Zivilisten auf einem Schiff kanadischer Soldaten nach Halifax in Kanada gelangte. Wenig später nahm ihn der Bruder seiner Mutter auf, der in den USA in New Jersey lebte. Es war Onkel Sandor. George Spiegelglas' Mutter schrieb an ihn: „Ich hoffe noch immer, das Kind bald zu sehen." Ihre Hoffnung, die vergebens war. „Ich bin nicht sehr religiös", sagt der 84-jährige Shefi heute. Seine Eltern hätten sich früh scheiden lassen. Der Vater, ging schon 1934 nach Palästina. Doch dass Shefi in Israel, wohin er später auswandern, durch mehrere Zufälle – oder

man muss wohl besser sagen: Fügungen – schließlich seinen Vater wiederfand, hat für ihn eine religiöse Dimension. „Das war kein Zufall", sagt Shefi. Über mehrere scheinbar zufällig liegebenheiten mit verschiedenen Menschen bekam er schließlich den Kontakt zu seinem Vater – der war zu dieser Zeit allerdings schon nach Australien ausgewandert. 1965 haben sich beide schließlich das erste Mal wieder gesehen.

Mit seiner im heutigen Israel geborenen Frau bereiste Shefi, der seine drei Töchter hat, in den vergangenen Tagen Brandenburg, um hier an Schulen seine Lebensgeschichte zu erzählen.

Er hatte großes Glück. Und war doch Opfer einer unfassbaren Tragödie: George Shefi erntam als Kind der Schoah, heiz sprach er beim SVB von seinen Erinnerungen. Foto: Andreas Klaer

Potsdamer Neueste Nachrichten, 5. Dezember 2015